法国浪漫主义天才：雨果

袁筱 著

图书在版编目（CIP）数据

法国浪漫主义天才：雨果 / 袁筱一著. —— 武汉：华中科技大学出版社，2023.4
（阅读世界文学巨匠系列）
ISBN 978-7-5680-9141-1

Ⅰ.①法… Ⅱ.①袁… Ⅲ.①雨果（Hugo，Victor 1802—1885）—生平事迹
Ⅳ.① K835.655.6

中国国家版本馆CIP数据核字（2023）第061901号

法国浪漫主义天才：雨果　　　　　　　　　　　　　　　袁筱一　著
Faguo Langman Zhuyi Tiancai：Yuguo

策划编辑：亢博剑　伊静波　孙　念
责任编辑：孙　念
责任校对：林凤瑶
责任监印：朱　玢
封面设计：璞茜设计

出版发行：华中科技大学出版社（中国·武汉）　　电话：（027）81321913
　　　　　武汉市东湖新技术开发区华工科技园　　　邮编：430223

印　　刷：湖北新华印务有限公司
开　　本：880mm×1230mm　1/32
印　　张：5.375
字　　数：133千字
版　　次：2023年4月第1版第1次印刷
定　　价：38.00元

本书若有印装质量问题，请向出版社营销中心调换
全国免费服务热线：400-6679-118　竭诚为您服务
版权所有　侵权必究

序

文明互鉴 求同存异

迫于泰西的坚船利炮和千年未有之大变局，洋务运动开启了改良的滥觞。但囿于技不如人，且非一朝一夕可以赶超，一些仁人志士又被迫转向上层建筑和世道人心。及至"百日维新"，新国家必先新风气、新风气必先新文学被提上日程。这也是五四运动借文学发力，"别求新声于异邦"的主要由来。

是以，从古来无史、不登大雅的文学着手，着眼点却在改天换地：梁启超发表《论小说与群治之关系》等檄文，陈独秀、瞿秋白、鲁迅、胡适等前赴后继，文学革命蔚然成风，并逐渐将涓涓细流汇聚成文化变革的浩荡大河。

用习近平总书记的话说，"文化是一个国家、一个民族的灵魂。文化兴国运兴，文化强民族强。没有高度的文化自信，没有文化的繁荣兴盛，就没有中华民族伟大复兴。"而文学始终是狭义文化的中坚。因此，习近平总书记历来高度重视文学发展和文明互鉴，《在文艺工作座谈会上的讲话》发表后不久，又提出了"不忘本来，吸收外来，面向未来"，此乃大同精神所自也、最大公约数所由也。如是，"建设文化强国"写进了我国的"十四五"规划，这不仅彰显了文化自信，而且擢升了文化强国的动能。

一

《周易》云："观乎天文，以察时变；观乎人文，以化成天下。"所谓人文化成，文化在中华传统思想中几乎是大道的同义词。中国特色社会主义文化源自中华民族五千年文明历史所孕育的中华优秀传统文化。创造性继承和创新性发展传统文化不仅是民族生生不息的精神命脉，而且也是涵养社会主义核心价值观的源头活水，更是我们在世界文化激荡变幻中站稳脚跟的坚实基础。同时，海纳百川地吸收世界优秀文化成果不仅是不同国家和人民之间交流的需要，也是提升个人修养的妙方。所谓"他山之石，可以攻玉"，早在汉唐时期，兼收并蓄、取长补短便是中华文化、中华民族繁荣昌盛的不二法门。

习近平总书记又在《习近平谈治国理政》第三卷中明确提出，"我将无我，不负人民"。多么令人感奋的誓言！这是对"天下为公"和"为人民服务"思想的现实阐发，也让我想起了老庄思想中遵循"天时""人心"的原则。由是，人类命运共同体理念尊崇最大公约数：除基本的民族立场外，还包含了世界各民族自主选择的权利。这是两个层面的最大公约数，与之对立的恰恰是不得人心的单边主义和霸权主义。

作为人文学者，我更关注民族的文化精神生活。诚所谓"有比较才能有鉴别"，中华文化崇尚"穷则独善其身，达则兼济天下"，乐善好施、谐和万邦；同时，中华文化又提倡天人合一、因地制宜。当然，中华文化并非一成不变，更非十全十美。因此，见贤思齐、有容乃大也是我们必须坚持的基本信条之一，闭关自守、夜郎自大将导致悲剧和苦果。当前，我国文化与世界各国文化的交流方兴未艾，学术领域更是百花齐放，呈现出前所未有的多样性和丰富性。这充分显示了我国的开放包容和建构人类命运共同体的美好愿景。自"百日维新"和五四运动以降，我国摒弃了文化自足思想，从而使"西学东渐"达到了空前的高度。具体说来，二百年"西学东渐"不仅使我们获得了德先生和赛先生，而且大大刺激了我们麻木已久的神经。于是，马克思主义、人道主义、女权主义、生态思想等众多现代文明理念得以在中华大地发扬光大。

西方的崛起也曾得益于"东学西渐"。设若没有古代东方的贡献，古希腊罗马文化的发展向度将不可想象，"两希文明"也难以建立。同样，在中古时期和近代，如果没有阿拉伯人通过"百年翻译运动"给西方带去东方文明成果（其中包括我国的"四大发明"），就没有文艺复兴运动和航海大发现。

总之，丰富的文化根脉、无数的经验教训和开放包容的心态不仅使中华民族在逆境中自强不息，而且自新中国成立，尤其是改革开放和新时代以来，也益发奠定了国人求同存异的民族品格。

二

人说不同民族有不同的文化,后者就像身份证。而我更乐于用基因或染色体比喻文化。大到国家民族,小至个人家庭,文化是精神气质,是染色体,是基因。它决定了各民族在国际交往中既有发展变化,又不易被淹没的活的魂灵。

如今平心而论,我们依然是发展中国家。硬件上尚有不少"卡脖子"的问题,软件和细节方面就更不必说。我们需要向西方学习和借鉴的地方还有很多。而文学艺术不仅是世道人心的载体,也是文明互鉴中不可或缺的航标。

前辈钱锺书先生一直相信"东海西海,心理攸同;南学北学,道术未裂"。古人则有"夫以铜为镜,可以正衣冠;以史为镜,可以知兴替;以人为镜,可以明得失"之谓。人需要借镜观形、换位思考、取长补短,民族、国家亦然。

有鉴于此,我真诚地祝愿阅读世界文学巨匠系列丛书顺利出版,祈中华文化在吐故纳新、温故知新、不断鼎新中"苟日新,日日新,又日新"。

中国社会科学院学部委员,外国文学研究所原所长,
中国外国文学学会会长,第十二、十三届全国政协委员
陈众议

匿名的共同体与"回家的召唤"

24年前,费孝通先生首次提出文化自觉的概念,包含着两层意思:首先,要对自己的文化追根溯源、把握规律、预示未来;其次,不断与异文化交流并尊重差异,携手共同发展。这一概念的提出时值全球一体化之初,借由他者体认自我的意识不可谓不高瞻远瞩。

今时今日,我们说不同文明之间要平等对话、交流互鉴、相互启迪,前提便是高度的文化自觉:知自我从何而来、到何处去,知不同于我者为差异及补充。

但具体而言,自我体认如何与他者相关?可试从我熟悉的翻译说起。

几近一百年前,1923年,自称"在土星的标志下来到这个世界"的本雅明将法国诗人波德莱尔的《巴黎风貌》译为德文,并撰写了译序,题为《译者的任务》。在这篇译序中,本雅明谈翻译,实际上也在谈认知及语言。明面上,本雅明主要阐述了三个问题:

其一，文学作品是否可译；其二，如果原作者不为读者而存在，我们又如何理解不为读者而存在的译作；其三，翻译的本质为何。

为此，本雅明打了一个比方。他将文字比作树林，将作者看作入林的行路者，而译者则是林外纵观全局、闻语言回声之人。文学作品如若绕圈打转，所及无非枯木，向上无以萌芽刺破天空，向下无根系网织土壤、吸收营养、含蓄水分，又何来可译的空间？可译不可译的问题便化为有无翻译的空间及价值的判断。文林呼唤作者入内，作者受了文林的吸引而非读者的呼唤，而文林又非无动于衷的死物，始终在生长、变化，身于林外的译者眼见这一错综复杂的变迁，所领略的只能是变化的共同体——原作"生命的延续"，也非读者的期待。翻译，便是无可奈何地眼见原作的变化、语言间的差异，"在自身诞生的阵痛中照看原作语言的成熟过程"，真正的翻译，因为表现出语言的变化以及不同语言之间的互补关系，自然流露出交流的渴望。

若非差异，若非差异构建的空间广阔，若非差异空间的变化与生长之永恒，何来交流之必要，又何谈翻译？

四十多年后，法国作家布朗肖批判性地阅读了本雅明的《译者的任务》，写下了《翻译》一文。布朗肖说，翻译确实可贵，文学作品之所以可译，也的确因为语言本身的不稳定性与差异，"所有的翻译栖息于语言的差异，翻译基于这一差异性，虽然从表面看似乎消除了差异"。但是，作为母语的他者，外语唤醒的不仅仅是我们对差异的感知，更重要的，还有陌生感。对于我们早已习以为常的母语，因为外语的比对，我们竟有如身临境外偶然听到母语一般，忽然之间竟有一种陌生的感觉，仿佛回到了语言创造之初，触及创造的土壤。

20世纪20年代，德国作家本雅明阅读、译介法国作家波德莱尔，写下了世界范围内影响至深的《译者的任务》。20世纪70年代，法国作家布朗肖批判性阅读德国作家兼翻译家本雅明的《译者的任务》，写下《翻译》，影响了一代又一代后现代主义的代表人物。可见，翻译不仅从理论上，更是在有血有肉的实践中解释并促进着跨文化的交流与不同文明的互鉴。

文之根本，在于"物交杂"而变化、生长，文化之根本在于合乎人类所需又能形成精神符号，既可供族群身份认同，又可以遗产的方式薪火相传。简单说，文化更似一国之风格。"阅读世界文学巨匠"系列丛书，具有启迪性的力量，首辑选取了10国10位作家，有荷马（希腊文）、塞万提斯（西班牙文）、但丁（意大利文）、卡蒙斯（葡萄牙文）、歌德（德文）、雨果（法文）、普希金（俄文）、泰戈尔（孟加拉文）、马哈福兹（阿拉伯文）、夏目漱石（日文）——一个个具有精神坐标价值的名字，撑得起"文学巨匠"的名头，不仅仅因为国民度，更因为跨时空的国际影响。我们的孩子从小便从人手一本的教科书或课外读物中熟悉他们的名字与代表性作品，从某种程度上来说，他们的风格似乎代表了各国的风格。当哈罗德·布鲁姆谈文学经典所带来的焦虑时，同时表达着文化基因的不可抗拒性。进入经典殿堂的作品及作家，表现、唤醒并呼唤的正是典型的文化基因。当我们比对普希金、歌德、夏目漱石、泰戈尔及其作品时，比对的更像是俄罗斯、德国、日本、印度及其精神、文化与风骨。伟大的作品往往没有自己的姓名，匿名于一国的文化基因，似乎将我们推向文化诞生之初，让我们更接近孕育的丰富与创造的可能。在这一基础上，如上文所说，作为文化的他者，他国的文学巨匠将唤醒我们对于自身文化的陌生感，让我们离文化的诞生之地又进了一步。

至于文明，则是社会实践对文化作用的结果，作为一国制度及社会生活成熟与否的尺度及标准，不同文明有着各自更为具体的历史、人文因素与前行的目标。尊重文化间的差异，鼓励不同文化的平等对话与交流互鉴，既是文明的表现，更是文明进一步繁荣的条件。差异构建的多元文明相互间没有冲突，引发冲突的是向外扩张的殖民制度与阶级利益，极力宣扬自我姓名甚至让其成为法令的也是殖民制度与阶级利益，而非文明。24 年前，费孝通先生所畅想的美美与共的人类共同体，便是基于文明互鉴的匿名的共同体。

差异与陌生引领我们步入的并非妥协与殖民扩张之地，而是匿名于"世界"与"国际"的共同体。

我们试图从翻译说起，谈他者之于文化自觉与文明互鉴的重要性，也谈经典之必要，翻译之必要，因为正如本雅明所说，"一切伟大的文本都在字里行间包含着它的潜在的译文；这在神圣的作品中具有最高的真实性。《圣经》不同文字的逐行对照本是所有译作的原型和理想。"而今，摆在我们面前的这套丛书，集翻译、阐释、文化交流与文明互鉴为一体，因为更立体的差异与更强烈的陌生感，或许可以成为作品、文化与文明创造性的强大"生命的延续"。

最后,仍然以本雅明这一句致敬翻译、文化交流与文明互鉴的努力:有时候远方唤起的渴望并非是引向陌生之地,而是一种回家的召唤。

浙江大学文科资深教授、中国翻译协会常务副会长
许钧
2021 年 4 月 7 日于南京黄埔花园

CONTENTS

目 录

导言　今天我们还读雨果吗？… 001

PART 1　作为世纪传奇的 维克多·雨果… 013
　　　　雨果其人… 017
　　　　雨果的作品… 029

PART 2　雨果经典作品赏析… 037
　　　　《巴黎圣母院》：用"建筑艺术式"小说记录历史的野心… 040
　　　　《悲惨世界》：雨果自己的故事… 063
　　　　《凶年集》：属于巴黎、属于祖国… 098
　　　　《九三年》：小说的收官之作… 106

PART 3　雨果的中国之旅… 127
　　　　最早得到译介的法国作家之一… 129

PART 4　雨果经典名段选摘… 145

　　　　参考资料… 157

导言

今天我们还读雨果吗?

今天我们还读雨果吗?这个问题多少有些冒犯之意。我们依然在读雨果,而且可以给出无数的证明:雨果不仅进了法国的中学教材,甚至他的《就英法联军远征中国给巴特勒上尉的信》还进了中国的初中语文教材。《悲惨世界》的音乐剧在世界各地轮番上演,当听到"世上的苦难者/希望的火焰永不熄灭/纵使最黑暗的夜,也终将会结束/旭日会东升"的歌词,又有几个人会不为之动容呢?还有巴黎圣母院,2019年4月的那场火灾更是烧出了《巴黎圣母院》各种语言版本的读者,我们骤然发现,原来继承雨果遗产的,早已不再局限在法国的范围内。

作为浪漫主义的中坚人物,雨果已经在法国乃至世界文学史上成为一个坐标,这是不争的事实。无论是将《艾那尼》(*Hernani*)的彩排和首演变成与古典主义的决战,还是从向往"要么成为夏多布里昂，要么就什么都不是"的小天才到最终成长为一代文人的精神领袖，雨果都用他的一生证明了文人能有的最好的模样：以文字为武器，独立于任何具体的政治派别之外，介入社会，呼唤正义、真理和自由，在想象域实现人的解放。当然，那还是一个可以有"文人"这个特殊物种的时代：文字尚不过剩，既可以像福楼拜那样写得节制，可以像巴尔扎克那样写得宏阔，也可以像马拉美那样写得唯美，但是，只要自己有节操，不管怎样都还不会成为一个任权力搓揉的笑话。从一场欧洲的文学运动到世界性的思潮，浪漫主义的灵魂不仅深入文字，更是深入由文字带动的理想，革命的、政治的种种场域，而浪漫主义的领袖也不再被动地停留在文学的领域内，他创造想象中的美好伦理与美好国家完全可以成为政治理想加以推广。我们可以在这个意义上理解为什么"西洋小说"几乎是在才进入中国的时候，雨果的《悲惨世界》就被选中，而且是由并不懂法文的陈独秀与苏曼殊一起翻译的。浪漫主义之后，再也没有一个时代能够将人类进步的理想与文学的理想叠置在一起。同样是流亡，也同样是被迎回，维克多·雨果之后，却几乎皆为悲剧。大家应该也都羡慕过 1885 年那场史无前例的国葬吧。1885 年，雨果去世，时任巴黎市议会议长的克莱蒙梭说："葬礼必须具有国葬的特征。这将是各党派暂时放下分歧达成一致的唯一机会。给了雨果荣誉，法国也给了自己荣誉。"

　　但是无论是作为一种文学流派，还是作为一种思潮，浪漫主义远非一劳永逸的护身符。作为文学流派，甚至它还在世界范围寻找未来的时候，就已经遭到了法国文学"下一代"——或者可以说是同代人的狙击。1880年,莫泊桑就《梅塘之夜》的出版致信《高卢人报》的社长,在信中他已经毫不留情地写道:"我们抱怨雨果的作品部分地毁灭了伏尔泰和狄德罗的作品。通过浪漫主义者那华而不实的感伤癖,通过他们对法则和逻辑的系统无知,蒙田和拉伯雷的古老常理、古老睿智在我们国家几乎荡然无存。他们用谅解的概念替代了公正的概念,在我们中播撒了一种充满怜悯和感伤的情感,它已经取代了理性。"①甚至更早,就在《悲惨世界》才出版的1862年,福楼拜就已经"感到莫大的苦恼",认为《悲惨世界》在"错误地描绘社会",说"雨果老爹看不起科学也是真的,而且他也证明了"。②便是中国最早的雨果译者鲁迅,也曾经说过"与其看薄伽丘与雨果,还不如看契诃夫与高尔基"。英国的批评家则对"法国的莎士比亚"不以为然,认为"维克托(多)·雨果的戏剧涵盖了浪漫主义运动所有最糟糕的秉性"。③就像浪漫主义作为思潮在日后多少遭到质疑一样,作为一种文学的或者艺术的态度,浪漫主义所塑造的"反抗平淡乏味的庸俗市侩的殉道英雄、悲剧式英雄(例如《悲惨世界》里的让·瓦让)、被放逐的天才、痛苦中的未开化人"④也终究因为其非现实性丧失了效度。最关键的是,因为相信激情,相信灵魂有一万个理由挣脱社会

---

① 左拉等著,余中先等译,梅塘之夜,译林出版社,2020年,第2页。
② 李健吾著,李健吾译文集,上海译文出版社,2019年,第1卷,第8页。
③ 里顿·斯特拉奇著,庚如寄译,法国文学的里程碑,浙江大学出版社,2021年,第140页。
④ 彼得·沃森著,胡翠娥译,思想史:从火到弗洛伊德,译林出版社,2017年,第867页。

秩序——一切秩序皆被浪漫主义者判定为旧的，因而也是有害的——的束缚，激情的盲目性也会导致浪漫主义成为一切非理性的利器，否则又如何解释某些极端主义者总是对浪漫主义的激情抱有格外的好感呢？例如希特勒，他就曾经狂热地发起过对瓦格纳的研究，也将瓦格纳捧到了至高的位置。

因而浪漫主义纵然能够成为那个变革的时代的通行证，却不能保证因此获得永世的"免死金牌"。当浪漫主义者还勇立潮头之时，他们没有想到，20世纪会以更加彻底的方式否定也曾经是先锋的他们。叶芝说："一切都变了，那样彻底，一种惊骇之美已经诞生。"唯物的世界全面到来，浪漫主义者积极维护的灵魂的至高无上束手无策。曾经，文学是这个世界变革的加速器；今天，文学赋予自身的使命却是让这个日新月异的世界能够慢些、再慢些。人们放弃了通过唯一理想对人类进行锻造，让人类的灵魂得以升华的梦想，于是文学也放弃了通过对理想社会和理想人类的想象从而引导人类进入"更好的"世界的梦想。

所以，我们有了这个问题：如果文学赋予自身的任务发生了变化，我们还要读浪漫主义吗？我们要从浪漫主义中读到什么？克莱蒙梭当年十分正确地选择了"荣誉"这个词，但是在"荣誉"之外，尤其是法兰西的荣誉之外，雨果这个人，雨果的浪漫主义诗歌、小说、戏剧和随笔——与浪漫主义的澎湃激情相得益彰的，是作为浪漫主义极致代表的雨果在文学所有的体裁上的纵横恣意——究竟为我们留下了怎样的遗产？雨果除了在历史上的坐标意义之外，还有跨越历史、跨越国界、跨越语言边界的存在意义吗？

我们当然无法简明扼要地给出这个答案，因为一方面，穿越了一个多世纪的雨果，并不是只用"浪漫主义"的标签就可以定义的；但是另一方面，浪漫主义又不失为一个抽象的、没有时间界限的、不担任何风险的标签。雨果举起浪漫主义的大旗，固然有主动的成分在里面，但在一个变革的时代，又有谁不曾是一个浪漫主义者呢？更何况浪漫主义从来都是一个模糊的概念。它既是一个毫无争议的文学和艺术流派，更是一种起源于西方的思潮，和资产阶级革命的种种理念一起，在欧洲范围乃至全世界的范围进行传播，成为这个世界现代转型不可或缺的动力之一。

我们当然不怀疑雨果是一个浪漫派的领袖。至少，1816年，当年仅14岁的维克多·雨果确定下一生的志向，骄傲地宣称道"要么成为夏多布里昂，要么就什么都不是"的时候，他是一个浪漫主义者；写下《颂歌集》《东方集》《秋叶集》《暮歌集》中那些诗歌的雨果也是一个浪漫主义者；引发古今大战的《艾那尼》出自一个浪漫主义者之手；而《巴黎圣母院》里所有对自由的向往、对旧秩序的控诉也可以被简述成一个浪漫主义者的理想。只是，写下《悲惨世界》的雨果呢？在《惩罚集》里，高声吟唱"人活着就要斗争；所以，活着的人们／在脸上抖擞精神，在心里充满热忱"的雨果呢？即便可以被描述成革命浪漫主义的壮志豪情，恐怕也不是我们今天所理解的"浪漫主义"可以概括的了。

更何况哪怕是被当作单纯的文学流派来看待，我们也不能就文学上的"浪漫主义"给出明确的定义。《艾那尼》之战说到底也不过是后来才被文学史家定义为开启浪漫主义运动的起点性事件。即便论起法国浪漫主义诗歌——不要忘了诗歌是浪漫主义最主要的文学形式——的三大奠基之作，亦即雨果的《颂歌集》、拉马丁的《沉思集》和维尼的《古今诗集》，似乎也并不能够在一个统一的诗歌创作理念下加以观照。如果真的要说这三部在1820—1822年完成的诗集有什么相似之处，那就是三位浪漫主义诗人都在之后的数次重版中一改再改，始终无法给它们一个确定的、完成的形式。雨果在《克伦威尔》序言里所宣称的那种作为"一面集中的镜子"，"不仅不减弱原来的颜色和光彩，而且把它们集中起来，凝聚起来，把微光化为光明，把光明化为火光"的新时代的戏剧即使能够作为浪漫主义文学的理念存在，揭示的更是文学要在即将来到的新时代里全面参与革命的野心，它并没有清晰地将作为一种新的文学的规律或者法则呈现到我们的面前。

所以我们就姑且把浪漫主义当作一个时代吧：动荡的、不断变化之中的、对旧秩序充满破坏力的、对新世界充满怀疑的，但还无比信任和彰显人的力量的一个时代。在这个时代，历史就是一出大戏，而浪漫主义则是支配这出大戏得以呈现的"自然法则"。

维克多·雨果见证了这个时代，用个人的经历，也用他的作品。在法国文学史上，我们也很难找到能够在这个意义上和雨果比肩的人物。他自己就是一个文学的熔炉，把这个时代的历史材料、社会经验、个人感受统统地扔到了这个熔炉里，生产出带有鲜明的个人标记的产品。他也见证了从诗歌、戏剧到非韵文以及小说的文学主要形式的过渡。他把诗歌、戏剧和小说都发展到一个高峰。所谓的高峰，还真不是泛泛而指，而是说，他的光芒让这条道路越走越窄，山尖上已经再无容人之地，未来只能另辟蹊径，从半山转道，或者干脆在山脚下就开始探索一条别人没有走过的道路，发展出另一个高峰。

也是因着这一点，我们认为，维克多·雨果可以被当作法国文学史上的典型人物，得到我们的重新审视。这远不意味着他能够代表法国文学的全部风景，甚至并不意味着他是法国文学最"好"的风景，而是意味着以他为起点，我们可以往不同的方向探索到法国文学的全部风景。往前走，是他在《克伦威尔》序言中所谈到的"古代"，他竭力跳脱的"古典主义"，甚或还有更早一些的"神话时代"，是以《圣经》和荷马为源头的神话和史诗的（西方）法国文学；他的同时代，即他所站立的"今天"，是所有意义的旧秩序被破坏了，在杂乱无章中探索新理性和人类未来的"今天"，依据雨果自己的理论，就是以莎士比亚为源头的戏剧的（西方）法国文学，是认真考虑容纳社会日常，描写社会日常，甚至介入社会日常的文学时代，是以从普通人等中抽离出人性为文学终极任务的文学时代；再往后走，就是让他的预见失败的未来时代，文学没有朝着他给出的范式——而且他真的给出了范式吗？——得以延续，社会更不是照着他描摹的理想得以重建。但是，他的理想、他的范式却成了靶子，同时也成了我们转向别的道路的理由。即便是后来对雨果持一定批评态度的福楼拜，也在一生唯一一次与雨果相遇后，充满欣喜地写下了这样的字句：

我很享受，能在近距离凝视他，他身上散发的光芒像是戴了顶镶满宝石的皇冠一样。我望着他的右手出神，那只手写出了那么多美妙的东西。①

我们要做的事情，也是"近距离凝视"雨果。我们还有一点不容忽视的理由。作为从"古代"到"当代"——亦即文学的20世纪——的转折点，19世纪也是世界文学的概念开始兴盛并且大规模运作的时代，这就赋予雨果以不同于拉伯雷或者莫里哀的价值。雨果的流亡和回归，雨果对于世界其他民族的关注是有回报的。如果说，19世纪的法国文学处于世界文学的中心，它却是在不断向外的传播中才逐渐形成了鲁本·达里奥所谓的"法语精神特殊表达法"②。这使得日后即便法国文学不再是世界文学的中心，也终究汇入了世界文学的洪流，而任岁月变迁，雨果、福楼拜、左拉等等这些星光熠熠的名字也始终有人记取，并且通过翻译影响着不同语言、不同代际的读者。诚如我们所看到的，雨果之所以能够在法国文学史上拥有这样稳固的地位，与他的作品在世界范围内的传播不可分割。他的风格、他的语言、他的"音色"（卡萨诺瓦语）都是凭借在其他语

---

① 路易-保罗·阿斯特罗著，李奇译，20岁的福楼拜，清华大学出版社，2020年，第65页。
② 参见帕斯卡尔·卡萨诺瓦著，罗国祥等译，世界文学共和国，北京大学出版社，2015年，第15页。

言中的变体而更加巩固,进而成为"法语精神特殊表达法"的一部分。因而对于我们来说,"近距离凝视"雨果,除了回到雨果和雨果的作品本身,理解它们的生成与生成它们的时代如何互为因果,也意味着理解在那个时代,雨果是如何和世界文学的风暴中心融为一体,并且生成了新的风暴,席卷世界。

PART I

作为世纪传奇的维克多·雨果

维克多·雨果出生于1802年，1885年去世，他的一生几乎穿越了整个19世纪。虽然被放置在同一个文学时代里加以描述的法国知名作家我们可以列举出很多，但是，我们不难发现这样的事实：司汤达出生于1783年，1842年去世；巴尔扎克出生于1799年，1850年去世；福楼拜则出生于1821年，比雨果晚出生将近20年，算是晚了一个时代；而之后对雨果颇有微词的莫泊桑则出生于1850年，他们之间是近半个世纪的差异。

这些年代并非只是一些数字，从中我们可以理解到一些文学史上有可能让我们忽略的地方。首先就是所谓的流派，浪漫主义或是现实主义，再或还有后来定义的自然主义，这些流派之间固然有一定的时间顺序，但几乎都是裹挟在整个19世纪的法国小说史里，很难分清楚孰前孰后。所以，并不是一个简单的流派就能概括一个作家的所有作品的，就像被奉为现实主义第一人的巴尔扎克也有《幽谷百合》这样极富浪漫主义色彩的作品一样，谁又能断言《悲惨世界》就仅仅是服从了浪漫主义的要义呢？雨果和巴尔扎克、司汤达或者福楼拜一样，是在这个特殊的世纪、特殊的地方应运而生的，如果说他逐渐成为浪漫主义的领袖，他领导的浪漫主义既没有被其他流派——例如浪漫主义瞄准的古典主义——彻底打败过，也没有彻底打败过其他流派。而在他的所谓浪漫主义集团里，也从来没有从一而终、一生相伴的忠实信徒。

而再一点，却是和雨果一生的经历相关。早出生一些年份，例如司汤达，他对待日后君临天下的拿破仑的态度可能迥然不同；早去世一些年，例如巴尔扎克，也来不及看到法兰西第二帝国的前后变化；若是再晚出生一些年，错过了19世纪初期法国的动荡，革命的喧嚣恐怕也不会在作品中留下这些痕迹的——在这个意义上，福楼拜也罢，莫泊桑也罢，面对与反思的并不是革命的直接冲击，而是革命之后已经逐渐稳定下来的社会现实；而这样的社会现实在早他们二十年，甚至半个世纪出生的维克多·雨果看来，仍然处在不断的变化之中。

让我们还是先回到雨果吧。

雨果其人

动荡的世纪

如何描述法国的 19 世纪呢？1789 年 7 月 14 日，巴黎人对巴士底狱的攻占揭开了法国漫长而动荡的大革命的序幕，因而法国史乃至西方史都采纳了 1789 年的这个重要历史标记，它意味着旧王朝走上覆灭之路，新的社会制度和社会秩序开始逐渐形成，并且得到确立。但是，和我们今天回望时对历史的想象不同，新旧势力的交战以及新秩序的确立不仅不可能在一天内完成，甚或一年、十年都远远不够。路易十六要在巴士底狱被攻占了四年之后的 1793 年方才遭到处决，大革命的高潮也才随之到来，而力主处决路易十六的雅各宾党领袖罗伯斯庇尔在路易十六上绞架的一年之后也遭遇了同样的命运。随即到来的新世纪被称为革命的世纪也并不为过：王朝复辟，拿破仑称帝，帝国、共和国和旧王朝此起彼伏，保王党未必是旧秩序的坚定拥护者，而称帝的人更未必是共和势力的坚定反对者。因而在法国这块土地上不是新旧两股势力在交战，而是在滚滚向前的历史洪流中，泥沙俱下，每一种利益均有可能催生一股势力，每一种利益也均可以使得先前倒向此方的势力在瞬间倒向彼方，与彼方联合。最好的说明就是在《九三年》中得到很好表现的大革命三巨头罗伯斯庇尔、丹东和马拉的命运。马拉遭到吉伦特派的刺杀身亡，丹东则是被罗伯斯庇尔实际领导的救国委员会处死，而罗伯斯庇尔在热月政变之后也被处死。

维克多·雨果就是出生于这样的一个新世纪，并且一生都伴随着各种革命与反革命势力的角力与逐杀。新世纪的动荡毫无疑问影响到了他的家庭、他的父母。甚至政见不同也成为他父母长期不和的重要原因之一。小维克多的父亲雷奥波德·雨果是拿破仑麾下的一位将军，是理所当然的"拿破仑派"。他常年征战意大利和西班牙，深受拿破仑哥哥约瑟夫的赏识。在约瑟夫任意大利和西班牙国王时，小维克多的父亲都是他的副官。但此后拿破仑兵败，路易十八复辟，并向联军投降，雷奥波德·雨果拒绝投降，暂时的和平之后也就失去了相应的权力，虽然他的准将军衔还是得到了保留。母亲索菲是父亲在平定旺代省叛乱的时候认识的，她坚定地反对国民公会的"专制行为"，站在共和军的反面。不过好在年轻，各自有各自的需要，政见不同并没有妨碍他们结婚。婚后，索菲在巴黎认识了后来成为小维克多教父的维克多·法诺·德·拉奥利（Lahorie）。帝国之初，拉奥利就是拿破仑怀疑的对象，待拿破仑登顶皇位之后，拉奥利也成了被追捕的对象，最后被处决。父母虽然不至于因为不同的政见而分道扬镳，可父亲对拿破仑是无条件追随的，而母亲对拉奥利的好感与亲近使得她对处死好友的拿破仑恨之入骨，再加上其他女人的介入，自然也不再能做雷奥波德·雨果的枕边人，索菲甚至对于丈夫在帝国时期的辉煌也不无嘲讽之意。

在这样的家庭背景下，童年时与母亲更为亲近的雨果自然也就显示出保王党的倾向，只是与其说这是一种政治倾向，毋宁说是一种情感倾向。在反对拿破仑的势力中，反对共和的舒安党人——雷奥波德·雨果将军镇压的对象——与铁腕手段主张共和的雅各宾派纠集在了一起。复辟势力,包括在维克多·雨果青壮年时期对其颇为庇护的路易-菲利普一世,其实在对待共和的态度上也很是暧昧。事实上,维克多·雨果对拿破仑的态度也是爱恨交加。一方面,还在童年时期,父亲就得到了将军的头衔,可以被称作"雨果将军",自然也为他带来了无上的荣耀;而另一方面,父亲所服务的那个拿破仑却将告诉他"最重要的是自由"的教父抓捕处决。一直到母亲去世,维克多与父亲的关系才有所改善,雨果对于拿破仑的憎恶才开始渐渐湮灭。

维克多·雨果于是陷入了法国19世纪特有的矛盾中,并且这矛盾伴随了他一生,在他凭借自己的作品攀登荣耀的顶峰时,也为他带来了误解、批评与攻击,而他也的确很难为自己进行辩解。1841年,经历过数次挫折的雨果终于当选法兰西学士院的院士,在向他所占的席位的前任勒迈尔西埃 (Népomucène Lemercier) 发表致敬演讲时,他却是这样开头的:"世纪之初,对于其他民族来说,法国是一场盛大美妙的演出,一个人撑起了整个舞台,而且他使得这舞台如此之宏阔,甚至延伸到了整个欧洲。"[①]而他所谓的"一个人",就是指拿破仑。待到日后,拿破仑的骨灰被迎回巴黎,雨果又写下了这样的诗句:

睡吧,我们会去看你!这一天也许终将来临!
因为我们曾经拥有你上帝一般的存在,却从未将你视作主人!
而你的命运令我泪光莹莹……

---

① Max Gallo, *Victor Hugo*, XO éditions, 2017.p.362.

噢！去吧，我们会为你举行美妙的葬礼！

维克多·雨果的矛盾当然不仅仅表现在对拿破仑的态度上。他一生的命运当然与这个动荡和矛盾的时代有密切的关系。帝国、复辟、共和，无一不对其个人命运影响深远。因为帝国的原因，父母交恶，敏感的雨果童年时长期生活在不安中。待到他成长为一个坚定的共和制度的拥护者，他又因为小拿破仑三世称帝而不得不长期流亡海外。他自己在共和与保王之间的犹豫态度也为他招致了不少批评。但是他不就是那个时代最好的见证吗？而况雨果一生都试图在政治上保持独立的姿态，不愿意为任何势力利用和左右。之后的历史就很难用某种边界清晰的主张来定义雨果，这也是造成雨果矛盾的主要原因之一。但不唯如此。莫洛亚在《雨果传》里也谈到了雨果的矛盾，他的矛盾几乎是气质性的：

在他身上有多种因素在进行着斗争：一方面是雨果将军好色的气质，和他奇特的，常为怪诞所吸引的想象力，另一方面是索菲·特雷布谢严格的禁欲主义和对古典传统的兴趣；一方面是对荣誉的爱，另一方面是对暴君的恨；一方面是总带一点儿疯劲儿的强烈的诗情，另一方面是有产者的品德，这些品德对他的天性来说尤其可贵，是因为他经受过家人给他天性所带来的痛苦……[1]

---

[1] 安德烈·莫洛亚著，程曾厚等译，雨果传：奥林匹欧或雨果的一生，浙江大学出版社，2014年，第44页。

于是矛盾几乎贯穿了雨果的一生。在创作上如此,在婚姻爱情上也是如此,在政治态度上亦是如此。今天,通过文学史的定位,我们在雨果的作品中更多看到的是浪漫主义对古典主义的绝对否定,浪漫主义在那个时代的先锋性质,以及浪漫主义反古典主义、反启蒙理性的恣意。但我们又怎么能够忘记,雨果在斐扬派修道院度过的童年和少年时期,那个和女仆结婚以躲避革命的屠刀的拉维里埃尔神父教会了他拉丁语,教他诵读古罗马诗人的作品,怎么能忘记他对七星诗社的诗人们的钟爱。我们也有可能执着于雨果与青梅竹马的阿黛尔·富歇的纯洁爱情,但是我们又怎么能忘记雨果在婚姻期间的不断出轨,甚至在 1845 年因为和画家的妻子偷情被捉奸,他只是因为议员身份才未遭起诉。晚年时札记里用西班牙语记录下来的和各类女人——而且他还给她们一些小钱——的那些私情,也是绝对够不上道德的。但是,马君武 1903 年以七律的形式译出《嚣俄重展旧时恋书之作》:"此是青年有德书,而今重展旧盈裾。斜风斜雨人增老,青史青山事总虚。百字题碑记恩爱,十年去国共艰虞。茫茫天国知何处?人世仓皇一梦如。"①我们读后又怎会怀疑他对阿黛尔的诚挚爱情?

人道主义信仰

至于政治立场上的矛盾,在 19 世纪的法国文人中当然不仅止于雨

---

① 原诗为雨果诗集《秋叶集》中的一首,是他重读《致未婚妻的情书》后的感叹之作。后张秋红将该诗直译为《哦,我的情书》,原诗较长。

果。这也是为什么,在文学上或是在政治立场上,都难有永远的朋友或者永远的敌人。法国 19 世纪文学上的先锋派在政治上却恰恰大多是保守的保王党,反过来,19 世纪初期法兰西学士院的那些文学上的守旧人物在政治上却表现出当仁不让的共和派的模样。也站在保王党一边的巴尔扎克就是至死也没能进入法兰西学士院,成为四十个不朽者之一。同样,日后雨果彻底脱离年轻时代的保王党倾向,成长为坚定的共和派,同样也就并不足为怪了。他甚至因为路易·波拿巴称帝而长期流亡在外,即便官方禁令解除,他仍然傲气地不愿回去,从此彻底坐实了反独裁、反君主制的共和"形象",把大革命的"自由、平等、民主"的价值观落实在他的各类文本中,华丽地展现在世界面前。

因而我们有理由相信,这不是简单的右翼与左翼的关系,不是简单的革命与反革命的关系,甚至不是简单的保王与共和的关系。包括雨果在内的 19 世纪的写作者其实都是和时代一起成长、选择的。政治选择并不排除个人情感,但青年时代的个人情感最终还是被对于时代的理智思考所替代,因此,虽然雨果年轻时与复辟王朝的历代君王走得颇近,也从他们手上拿年金,受到他们的尊崇,慢慢取得了地位,但最终还是确立下"人民政权"的理想,并且愿意展现为之奋斗的姿态。流亡初期,他就直白地写了一首《致人民》,把大海比作人民:"大海也和你一样,把浪花抛洒高山,人民啊;只是我们站立在神圣海滩,我们在凝目沉思,等待海潮的到来,大海从来不骗人,从不骗人是大海。"[①]毫无疑问的是,

---

① 选自《惩罚集》,程曾厚译。

人民也给了他回报。在雨果自己撰写的"回忆录"里,他这样追忆自己在外流亡二十年后回到巴黎的情景:"我们于21时(1870年9月5日)抵达巴黎,一群人在等我。我受到了热烈欢迎,随后做了四次演讲,其中一次是在一家咖啡厅的阳台上,三次是在马车上。不断壮大的人群护送我到弗罗绍达道的保罗·默里斯家。离开他们时,我对他们说:'一个小时内,你们使我二十年的流亡生活获得了足够的回报。'他们唱《马赛曲》和《出征曲》。"[1]

的确,如果说维克多·雨果有什么一以贯之的政治主张,那就是后来大家一致为雨果所贴上的"人道主义"的标签。标签固然没有太大的意思,但至少说明一点,那就是在雨果并不成体系、同时也充满了变化的信仰和主张里,人始终居于核心。这一主张从开始就与大革命的理想是一致的。尽管年轻时代有保王党倾向,却并不妨碍他生来就有着众生平等的思想。对于父亲的"将军"头衔,他也是为之骄傲的,但更是因为其中包含的荣誉。在近一个世纪的动荡生活中,雨果身边"不幸的人"本就不少,接触到的"不幸的人"更是越来越多。显然,至少在雨果所经历的一生里,无论是君主制还是共和体制,都无法彻底将"不幸的人"从水深火热中解救出来。在过去的日子里人们笃信可以救赎人类的宗教也是一样。故而雨果的矛盾态度不仅仅表现在他的政治态度上,也表现在他的宗教信仰上。雨果一生没有受洗,也不参加宗教活动。在《巴黎圣母院》里,维克多·雨果将副主教弗

---

[1] 选自《维克多·雨果回忆录》,高稳译,华文出版社,2020年,第259页。

罗洛塑造成一个伪君子的形象，或许就已经传递了他对宗教的某种态度。而在《悲惨世界》里，他借助米里埃主教之口重新思考了关于宗教和真理的关系。我们不妨把米里埃主教看作老年的雨果，也有一副"泛神论者"的面孔，给他引路的，"是他的心"，"他的智慧是从他心中发出的光辉"。①对上帝之言的疑虑，对抽象教理的摒弃，对教会的反感，以及因为各种各样的原因没能够受洗入教，这一切并不妨碍他怀有要让人类活得更好的信仰，也并不妨碍他将这种信仰也冠以"上帝"之名。有趣的地方在于，雨果在晚年的的确确成了一个"泛神论者"。流亡到泽西岛之后，他还痴迷于"灵桌"游戏，特别是在女儿莱奥波蒂娜溺水身亡之后。

因而雨果的宗教就是让穷人活得更好的宗教。他具有非凡的理解力，能够理解因贫致罪的穷人，也能理解为了生活而不得不出卖肉体的女人，理解成长在穷苦家庭里的孩子，理解在变故与动荡中，所有那些受到命运拨弄的人。他满怀同情地书写他们，但是他更是要说，生存下去，这是人的本能；但何以为人，这是值得探讨的问题。

不变的爱

在《历代传说》中，收录了一首题为《爱》的诗，在诗的最后一节，雨果写道：

---

① 参见《悲惨世界》（上），潘丽珍译，译林出版社，2019年，第54页。

上帝显现的黎明，以上帝命名的星辰，

让它最温柔的叹息从夜莺

的鸟巢落入猫头鹰窝内的夜晚，

在阳光中芬芳弥漫的花丛，

芳草，清溪，乱世都对你们回答，

以人们难以表现的温柔语调：

万物生来就为了相爱，啊！善良的小鸟！①

维克多·雨果似乎是为爱而生的。小时候，他是妈妈的宠儿，尽管父母始终处于战事之中，但是有母亲的呵护和加倍的疼爱，小维克多从来都不缺爱，甚至他比一般家庭的孩子更能够感受到爱的存在。哪怕进了他最不喜欢的高迪埃寄宿中学，他还有老师菲利克斯·比斯卡拉（Félix Biscarrat）的欣赏。在和小哥哥欧仁的竞争中，他也从来没有落于下风：诗歌获奖的是他，赢得阿黛尔的爱，此后娶了阿黛尔的，依然是他。甚至父亲不在身边，对于他也未尝不算一件好事。因为母亲对他的期待和他对自己的期待恰恰是一致的：那就是成为一个大作家。不用费心尽力地按照父亲原先的意愿去考什么巴黎综合理工学校，甚至在高中毕业后注册了法律系也不过是装装样子的。待到母亲去世，木已成舟，又或许是亏欠，又或许真的也能够承认他的"天

---

① 《雨果诗选》，《爱》，选自《历代传说》，吕永真译，译林出版社，2013年，第340页。

才",父亲竟然能够和他互为对方的骄傲。他怎么能够不感叹,"万物生来就为了相爱"呢!

  自然还有女性。爱情既是文学的一部分,也是浪漫主义的一部分。1819年,在雨果17岁的时候,他似乎已经赢得了一切。拿到了图鲁兹百花诗社的奖,和曾经是邻居的阿黛尔·富歇表露了爱慕之情,欣喜地得知她也已经爱上了他。他想成为夏多布里昂那样的诗人,就需要有爱情的支撑。至于爱情路上的坎坷,那都是通向荣耀的必然经历。雨果在1821年失去母亲、失去母爱的同时,获得了爱情和婚姻的自由。1822年他就在两个哥哥的见证下迎娶了阿黛尔·富歇。他和阿黛尔的感情之路一路坎坷。阿黛尔婚后六年里五次怀孕,她有点害怕——就像当初母亲索菲也有点抵挡不了父亲炽热的纠缠一样——她的这位充满着柔情蜜意的丈夫,她宁愿和丑陋而卑微的评论家圣伯夫保持精神之恋。幸而浪漫主义者对爱情有自己的理解力。雨果不仅容忍了圣伯夫,自己的一生也没有闲着。他和父亲一样,对家庭、对阿黛尔、对孩子始终怀有责任和爱。但美好的爱情自然也是多多益善,在阿黛尔之外,他和演员朱丽叶·德鲁埃也保持了近乎一生的亲密关系,更不要说他一生中遇到的无数"美的造物"。阿黛尔此后已经不再在意雨果的风流韵事,真正吃醋的倒是朱丽叶·德鲁埃。一直到雨果的暮年,朱丽叶还经常因为雨果时不时出轨而苦恼,但这也并不妨碍朱丽叶自打遇到雨果后,就崇拜、爱慕了雨果一辈子。朱丽叶在遇到雨果之前也算是遇人不淑,她曾经写信对她的一位不甚道德的情人阿尔方斯说,"我期望着一种平静、和谐的幸福……要是我找到一个男人，他的心灵能爱抚我的心灵——如同喜欢和爱抚我的肉体一般，那么我就离开您，抛弃您，抛弃世界，乃至抛弃生命……"[①]毫无疑问，在朱丽叶二十六岁那年，她真的找到了这个男人，能用心灵爱抚她的心灵的男人……她甚至比阿黛尔——也是在阿黛尔的默许下——更像是雨果的伴侣。她为雨果誊抄手稿，为他感到骄傲，在雨果流亡期间朝夕陪伴、照顾他。而雨果，也温柔、专注地待她，尽管他在很多时候仍然抵抗不了肉体的诱惑。

无论我们怎么津津乐道于浪漫主义诗人的风流韵事，我们可能更应该注意到的事实是维克多·雨果的情事也是他对人类自由的理解的一部分。雨果自小成名，身边颇多女性，他并不掩饰对她们的关注和喜爱。哪怕她们有的时候并不符合他的理想，不像他所期待的那么多情、温柔，他除了在真实相处中略有遗憾，也并不多加苛责。他的笔下也有颇多的女性人物，这些女性人物或代表美，或代表智慧，或代表社会的不公正。无论是哪一种，都不是他批判的对象。在流亡前后，他甚至关注女性主义运动，为不幸的女性辩护。即便是他在晚年时期对于身边照顾他生活的女性的那点小"趣味"——雨果都用代号记录了下来——他并不隐瞒，但也绝对没有自恋或者不尊重的意味，在多多少少给她们一点救济的同时，他更想有朝一日坦陈天下的，或许只是一个老年男子的性心理。

---

① 转引自安德烈·莫洛亚著，程曾厚等译，雨果传：奥林匹欧或雨果的一生，浙江大学出版社，2014年，第230页。

这也是那个时代的浪漫派纵然有千千万万，但雨果终于能够成长为精神领袖的原因吧。因为雨果把浪漫派的精神核心凝练成了爱，不仅止于亲情、友情、爱情的爱，还有普天下的爱，最重要的是，教会人们去爱。就像《悲惨世界》里的米里埃主教教会了让·瓦让什么是爱，而让·瓦让又把这份爱传递到与他之间并无关联的芳蒂娜和小珂赛特身上。对于自己的人生，雨果也有类似的期待。正是这份要将自己的人生以及对人生的思考化为人类的某种范式的野心，雨果式的爱在 20 世纪来临之前为渐渐失去宗教信仰的人类提供了过渡时期的解决方案。

雨果的作品

如果从维克多·雨果的少年时代算起，他的创作历经六十余年，体裁覆盖诗歌、小说、戏剧、散文，还有大量的书信文字、演讲、回忆录等。即便是在法国，《雨果全集》的出版也决不是能够一锤定音的事情。雨果的创作与他的爱情启蒙几乎同时。恋爱的时候写，失恋了也要写。17岁时，他与阿黛尔的情事被母亲索菲无情斩杀，他在哥哥阿贝尔的支持和资助下，便一心投入《文学保守者》杂志的创办与经营中，"16个月的时间里，他在上面发表了112篇文章和22首诗"。[1]另外，在雨果的时代，报纸、杂志在文学作品的发表和出版中扮演着越来越重要的角色，并非所有文字都收入诗集或文集中。再加上雨果流亡在外的时间很长，作品也经常会在法国以外的地方发表或出版，手稿在旅途中散落的情况时有发生，谁也没有把握能够收录雨果的所有文字。巴雷尔所著《雨果传》的译者程曾厚在其2004年的译本前言中写道："法国'国立印刷所版雨果全集'的出版周期是47年。最新一版《雨果全集》由塞巴谢教授和罗萨教授主编，还动用了27位雨果专家"[2]，足以说明雨果文字的浩瀚。

作为浪漫派的中坚人物，雨果首先是一位抒情诗人。他的诗歌创

---

[1] 安德烈·莫洛亚著，程曾厚等译，雨果传：奥林匹欧或雨果的一生，浙江大学出版社，2014年，第73页。
[2] 安德烈·莫洛亚著，程曾厚等译，雨果传：奥林匹欧或雨果的一生，浙江大学出版社，2014年，第1页。

作贯穿了他创作的一生,从早先出道时期的《颂歌集》,到成名之后的《东方集》《秋叶集》《暮歌集》《光影集》,再到流亡之后的《静观集》《惩罚集》,一直到生命晚期的《至悯集》《宗教集》以及《驴子集》,雨果将浪漫主义抒情诗歌发展到了极致。雨果是从翻译拉丁诗歌开始写诗的,开始写诗时又受到夏多布里昂的诱惑,他深谙古典诗歌华丽的形式,并加入了瑰丽的想象,算是初步奠定了自己的诗风。1819年,他就是凭借命题诗歌《重建亨利四世雕像颂》得到了图鲁兹百花诗社的桂冠,从而叩开了诗人宫殿的大门:

全体人民纪念你,为你竖起这铜像,
啊!骑士啊,你的威名远扬,
堪与巴亚和盖克兰比高!(程曾厚译)

而雨果对于诗歌最大的贡献,就在于他可以用诗歌写天下的一切,也可以把天下的一切都容纳进他的诗歌里,毫无违和感。他既擅长写颂歌这一类的大作品,献给亨利四世、献给莎士比亚、献给复辟王朝的国王、献给令他怀有复杂情感的拿破仑,但他同样也擅长写日常生活中的喜怒哀乐,有谁没有读过他在女儿莱奥波蒂娜溺水四年之际写下的那首后来收录进《静观集》的《明天,破晓时分》呢?

明天,破晓时分,
田野泛白之际,

我就出发,瞧,我知道,你在等我。

相较于在 19 世纪已经闪亮登场的兰波、魏尔伦或是波德莱尔,雨果在诗歌上还是呈现了对传统的继承。浪漫主义的理论革命,雨果似乎更多是借助戏剧来完成的。和任何时代的新文学一样,要想树立"新"的文学范式,必然要首先确立"旧"的。而曾经盛极一时,塑造了一个时代,并且与法语语言的确立与发扬光大同时的古典主义戏剧于是成了新戏剧的靶子。雨果在 23 岁的时候听到好友诵读莎士比亚的戏剧,就立刻为自己的戏剧找到了新的可能,而他一生的戏剧创作,也的确在往莎士比亚的路上走,他甚至专门写了《莎士比亚论》,让法国观众能够充分体会到莎士比亚的魅力。因为古典主义戏剧的原因,莎士比亚很晚才引起海峡对岸的关注,其中不乏雨果的功劳。

除去 1882 年的《笃尔凯玛达》,雨果的戏剧创作时间主要集中在青年时代,彼时的他想要借助戏剧舞台,高举浪漫主义大旗。因而十分有趣的是,他的剧作的"副本"往往要比戏剧本身更为经典,例如《克伦威尔》的序言,又例如《艾那尼》上演前后的种种趣闻轶事。1827 年,雨果受到莎士比亚的启发,创作了带有历史剧意味的《克伦威尔》,但是《克伦威尔》人物繁杂,篇幅也长,因而没有上演,倒是在剧本完成之后,雨果进一步对新时代的戏剧有所思考,写下的序言为他日后迎来浪漫主义戏剧的高潮奠定了基础。在《〈克伦威尔〉序》里,他先是区分了文学的不同时代,"诗有三个时期,每一个时期都相应地和一个社会时期相联系,这三个时期就是抒情短歌、史诗和戏剧",因而雨果所处的"近代"是戏剧的,是莎士比亚的,"抒情短歌歌唱永恒,史诗传颂历史,戏剧描绘人生"。[1]这也是雨果赋予自己的戏剧的任务。他的戏剧,例如《玛丽蓉·黛罗美》,或是《艾那尼》,或歌颂不同凡俗的爱情,或要表现"爱情诚可贵,荣誉价更高",但说到底,人物都是平常生活里的普通人,便是这样的普通人也能表现出高贵的主题和人性来。这就是雨果要描绘的人生,因为在他看来,"艺术的真实"与"自然的真实"是不同的,因而"戏剧应该是一面集中的镜子,它不仅不减弱原来的颜色和光彩,而且把它们集中起来,凝聚起来,把微光化为光明,把光明化为火光"。

这样一种火光式的戏剧,便让《国王寻欢作乐》里相貌丑陋的大臣散发出父爱的圣洁光芒,让《玛丽·都铎》里的王后既有面对大臣时的威严,也有作为一个女人去爱的真实,让《艾那尼》里的公爵可以牺牲爱情,甚至让《安日洛》里的妓女蒂贝斯具有为爱献出生命的勇气和智慧。但同样,也是这样一种火光式的戏剧,让《城堡里的爵爷们》在《艾那尼》的上演成功赢得浪漫主义大战的十年后,遭遇了惨败。

雨果以诗人身份出道,以戏剧为舞台伸张浪漫主义的主张,但最终让雨果坐稳世界文学共和国的中心位置的,却还是小说家的身份。

---

[1] 参见《〈克伦威尔〉序》,柳鸣九译。

19世纪，固然诗歌和戏剧还没有完全退去荣光，但小说渐渐成为文学中的主流样式。倘若说雨果在戏剧史上并没有留下令人信服的传世佳作，可能在很大程度上，就是因为他在浪漫主义戏剧上的主张在舞台上能够实现的毕竟有限。但是反过来，小说一则不需要受到格律的限制，二则也没有演出在时间和空间上的相对有限性，这就让雨果的浪漫主义文学观有了真正的实践领地。雨果很早就意识到了这一点，他的小说创作几乎和他的诗歌创作是同步的。《冰岛魔王》出版于1823年，虽然和之后雨果小说的主题有很大的区别，但是瑰丽的想象，底层人民的悲惨生活，纯洁的、能够战胜一切卑劣的爱情，已经都在小说里了。只是当时他毕竟年轻，《冰岛魔王》还是有过于追求传奇的意味，这部没有署雨果真名的小说并没有引起太大的反响。

真正让雨果声名大噪的，当然是《巴黎圣母院》。跳脱了写第一部小说时恋爱带来的痛苦、激情，雨果对自己要完成什么样的小说已经有了把握。作为浪漫主义小说，《巴黎圣母院》所尊崇的标准，和雨果几年前在《〈克伦威尔〉序》里所说的颇为契合，即应当"历观各世纪和自然界，……它启用编年史家所节略的材料，调和他们剥除了的东西，发现他们所遗漏的并加以修理，用富有时代色彩的想象来充实它们的漏洞，把他们任其散乱的东西收集起来，把人类傀儡下面的神为的提线再接起来，给一切都穿上既有诗意而又自然的外装，并且赋予它们以产生幻想的、真实和活力的生命"。[①]因而，这一经过"修

---

① 参见《〈克伦威尔〉序》，柳鸣九译。

理"的小说,固然有"自然的真实"在其中,但已经完全依赖"艺术的真实",亦即浪漫主义坚持的"真""善""美"统一小说的精神,人物、情节的组织完全是为这统一的精神服务,而美与丑、善与恶的对比鲜明而决绝,并且在彼此的较量中逐渐被推向高潮。

从这个意义上来说,尽管有些批评家将雨果的小说列入"历史小说"的种类,但雨果笔下的历史却始终是作为背景存在的。《悲惨世界》里的滑铁卢,《九三年》里的大革命都是如此。谁也不会将《悲惨世界》里的滑铁卢一役当成真正的历史教科书来读,说到底,也不过是从未上过战场的雨果对于父亲可能面对过,自己却只能用文字来实现的宏阔场景的想象罢了。雨果在写到历史的时候不惜笔墨的做法,既无限放大了小说里所谓"神为的提线",又身体力行地锻造了那个时代的审美和诗学。

雨果为后世留下的长篇小说总量并不算太多,也就《冰岛魔王》《死囚末日记》《巴黎圣母院》《悲惨世界》《海上劳工》《笑面人》《九三年》这些,最多再加上不算太恢宏的《克洛德·格》和《布格·雅尔加》。但除了《冰岛魔王》外,几乎每一部都在小说史上占有重要的地位,而且被翻译成各种语言,在世界上广为流传。诚然,包括《巴黎圣母院》和《悲惨世界》在内,雨果的小说也受到过质疑和批评,但我们不能否认的事实是,小说正是在 19 世纪获得了作为文学传统样式的诗歌和戏剧所不具备的可能性,在雨果、巴尔扎克、福楼拜等人的推动下,向着高峰迈进。而雨果的小说,堪称 19 世纪小说的范例之一。一方面迎合了文学世俗化和普及化的要求,在作者的意图与读者的阅读趣味之间找到了一定的平衡；另一方面，也为一个时代种种复杂的斗争留下了文学的证据。当人类不再能够指望宗教的救赎时，人类首先想到的或许还是自己的力量。雨果让他的小说人物穿越历史，承担起寻找、定义这种力量的任务。

PART 2

雨果经典作品赏析

作为法国文学史乃至世界文学史中一个不可略过的词条,对于雨果的身份定义往往是:诗人、剧作家、小说家,三者缺一不可。雨果一生的确"消费了大量文字",各种体裁兼而有之。除了纯粹的文学创作,即诗歌、戏剧和小说以外,雨果还留下了大量的书信、手札与日记。在雨果去世之后,也都由后人整理出版。就像热拉尔·奥迪奈(Gérard Audinet)在为2019年中国上海的明珠美术馆雨果展所写的纪念文章里所说的那样,"即便维克多·雨果不从事写作——事实上能够出色地驾驭所有文体——他仍然是一个在不同领域表现出类拔萃的多面手——既是政治家同时还是画家,也是装饰设计大师。"雨果这个"多面手"也为我们在这一本小小的书中选择赏析的作品提出了考验。哪些作品是雨果的代表性作品呢?鉴于诗歌与戏剧的赏析对一般读者而言有相当的难度,也鉴于雨果的小说作品从进入中国开始,就为中国历代读者所熟悉,我们在此还是偏重于介绍雨果的小说作品。小说的确不能反映雨果创作的全貌,但或许凭借更大的阅读空间,能够为我们探索雨果的内心提供一些捷径。

《巴黎圣母院》:
用"建筑艺术式"小说记录历史的野心

《巴黎圣母院》与革命

1832年,《巴黎圣母院》出版的时候,雨果30岁。和他的下一部小说《悲惨世界》不同,《巴黎圣母院》只用了半年的时间写成。写得如此快,固然有青春与激情的原因,但也有来自合同的压力。第一份合同,他的出版商高瑟兰(Gosselin)给他的交稿期限是1829年4月15日,并且有着严格的惩罚条款,迟交一个星期就需要承担1000法郎的罚款。雨果三次推迟交稿日期,一边将最终的交稿日期推迟到1831年2月1日,一边想着在此之后如何彻底摆脱高瑟兰。因为这时候的雨果已经今非昔比,有了谈价格的资本。《艾那尼》的上演不仅让他一战成名,也给他带来了丰厚的稿酬。另一个出版商马姆直接就在演出的后台给了雨果五张1000法郎的大钞,买下了《艾那尼》的版权。

雨果的多个传记作者都会把19世纪30年代看作是雨果的一个转折——生活的转折,同时也是创作的转折——30年代,雨果已经坐实了新一代浪漫派领袖的位置,接过已经明显老去的夏多布里昂的大旗。

他的父母在前十年里相继去世，妻子阿黛尔已经厌烦了不停地怀孕，不停地生子，竟然与其貌不扬的批评家圣伯夫有了某种心意相通的情感，只是还止步于精神恋爱而已。但更重要的是，《艾那尼》的上演已经标志着他从上一代的夏多布里昂的手里接过了浪漫派的大旗，而《艾那尼》说到底，是事件高过了作品本身。是时候需要用19世纪最流行的小说来具体落实他的浪漫派主张了。而这部小说，就是《巴黎圣母院》。

雨果在《巴黎圣母院》里最直接的存在，自然就是19世纪小说都不会放弃的叙事者。小说开篇在交代时间的同时，就已经确立了站在1830年的叙事者：

话说距今三百四十八年零六个月十九天前，那日巴黎万钟齐鸣，响彻老城、大学城和新城三重城垣，惊醒了全体市民。①

而在开篇不远的地方，作者更直接地写道：

1830年的人，假如在想象中能有机会混在15世纪的这群巴黎人中间，同他们一起前呼后拥……我们看起来反而有全新的感觉。

1830年的法国社会，除了个人遭遇之外，还经历了什么呢？革命。

---

① 和雨果其他的小说一样，《巴黎圣母院》在中国一百余年间也有多个译本。本书所选译文皆出自李玉民译《巴黎圣母院》，青岛出版社，2018年版。

复辟王朝的查理十世颁布七月敕令,解散议会,出台新选举法,于是,学生、工人,还有一部分士兵再度走上了街头,攻占了卢浮宫,升起了三色旗,查理十世被迫流亡海外。雨果忙着他的《艾那尼》的革命,剧场的革命也并不亚于真正的革命,形势尤为复杂,但雨果并非对外面世界的革命无动于衷,他写诗赞叹革命:

> 你们应该骄傲;你们和你们的父辈做的一样多。
> 整个民族通过无数战争所争得的权利
> 你们都活生生地从裹尸布下拿了来。
> 为了拯救你们的家庭,七月革命给了你们
> 焚毁堡垒工事的三颗美丽的太阳。
> 而你们的父辈就只有一颗!
> ……
> 三天,三夜,在那大熔炉里
> 热火朝天的人民在沸腾……
> (《暮歌集》,《1830年七月记》)

但是,如何让天生为革命而存在的青春平静下来呢?如何把这矛盾的、乱哄哄的,连自己也理不清楚头绪、不知道自己应该站稳怎样的立场的革命镶嵌进万事俱备、只待开始的小说里?选择什么样的叙事时间来和叙事者的时间遥相呼应?这应该是雨果在写作《巴黎圣母院》时思考的问题。

人物与情节

所以雨果选择了 15 世纪末来作为这部充斥着青春、革命、欲望、激情的小说的叙事时间。如果说,此前尚不成熟的《冰岛魔王》几乎完全来自想象,《巴黎圣母院》已经有了后来可以用来标识雨果的"历史小说"的意味:因为小说中的路易十一、弗兰德使团、尚在襁褓之中就许配给"王太子"的玛格丽特公主都是历史上真实存在的。

在所有真实存在的历史人物中,路易十一无疑是最耀眼的。他两次出现在小说中,第一次是在第五卷,"他"跟着御医库瓦提埃来到主教代理弗罗洛的炼金室,假称自己是"屠狼肉伙计"(le compère taurangeau),弗罗洛和御医库瓦提埃一来一去地打了一会儿嘴仗,而"屠狼肉伙计"明显对弗罗洛的炼金术与炼金成果更感兴趣。走之前,他对弗罗洛说,他"喜爱学者和俊才高人",所以,欢迎他到"图尔圣马丁修道院"来做客。此时弗罗洛才明白过来,原来这位"屠狼肉伙计"就是国王,因为所谓图尔圣马丁修道院是中世纪法兰克王国的修道院。身份大白的"屠狼肉伙计"于是在小说中换回了真实身份:"据说,从这个时期开始,路易十一每次回到巴黎,经常召见主教代理谈话。"

而第二次,他便是真的以国王的身份出现了,在御医与理发师的陪伴下,他眼见得奇迹王朝的乞丐在攻打巴黎圣母院,试图救出进圣母院避难的爱斯梅拉达。在路易十一一番令人啼笑皆非的推理后,他最后的决定是:"火速前往,老伙计(指隐修士特里斯唐)。……你去敲响警钟。你去镇压民众。你去绞死女巫。"

历史上的路易十一其实并非庸人，他的政绩似乎并不是雨果笔下那个多少有点可笑的"屠狼肉伙计"能够完成的。在他的统治时期，法国结束了封建领主割据的局面。而自此之后，一个统一的法国结束了中世纪，迈入了欧洲文化史上的文艺复兴时期。所以，在《巴黎圣母院》里，雨果也半真半假地让他的人物显示出历史真实的一面，一开始，不知道民众为什么会暴乱的国王"站起身，走到窗口，异常兴奋地推开窗户，拍手叫道：'嗬！真的呀！老城上空一片红光。是大法官的府邸在燃烧，只能说这种情况。我的好百姓啊！你们终于这么干了，帮我铲除领主割据！'"是在隐修士特里斯唐和他分析说，民众的暴乱是针对他的时候，他才下令要"镇压民众""绞死女巫"的。

然而，历史上究竟如何评价路易十一，或许并不是小说家雨果真正关心的事情。他也不是真的要写一部有关路易十一的"历史小说"。1482年，路易十一已经垂垂老矣，将在一年之后去世。青壮年时期的路易十一机智、果敢，擅长谋略与行动，纵横捭阖，不择手段，才能在复杂的政局中一统江山。但正因为树敌太多——教会以及王室的其他家族几乎都是他的敌人——到了晚年时，他多疑、惊恐，乃至深居简出，生怕一不小心就被谋害，遭了自己早些年那些手段的报应。毫无疑问，这一形象才是真正让雨果感兴趣的所在，于是，雨果便让他"穿着灰鼠皮里的青石色长袍，扎着腰带，戴一顶同样质地和颜色的帽子，全身裹得严严实实，手缩进袖子里，脚由袍子下摆盖住，眼睛则掩藏在帽子下面"，来到了弗罗洛主教代理位于钟楼顶端的"幽室"。另外，在以"穷苦人"为主角的小说里，国王、贵族以及国王的卫兵队长通通都是作为善良、真诚的"穷苦人"的反面出现的。他们都是压榨"穷苦人"的罪魁祸首，因此雨果便也没有对路易十一笔下留情。

进入虚构人物的"幽室"，路易十一便丧失了他的国王身份，成为小说的众多人物之一，也成了能够与主教代理堂·克洛德·弗罗洛的黑暗心理形成某种对应的人物。雨果选择让路易十一来"入戏"，无非是要让他来为自己的虚构作证，让他笔下的15世纪成为基于历史却超越历史的"真实"。除此之外，路易十一统治结束的15世纪也是历史的转折点：宗教渐渐失去其原本无可争议的权威性，人们开始重新认识世界与自我。众多势力汇聚在巴黎，民众，宗教，还有王权，真的是一个可以与19世纪媲美的时代。

于是，雨果在小说的开始便先把时间和地点确定下来，1482年1月6日，"主显节"和"狂人节"，从司法宫开始，还有圣迹剧的表演和选丑大王的狂欢。在这一天，民众可以暂时获得一定的自由，主教、民众和国王相关的人物——在《巴黎圣母院》里是要和路易十一结亲家的弗兰德使团——都相会于此。开篇的这个场景就得到了某种历史时间的象征意味，雨果虚构的人物也可以渐次登场：后来将小说各个主要人物连接起来的格兰古瓦，堂·克洛德·弗罗洛主教代理的弟弟约翰·弗罗洛，还有小说的两个主角，卡西莫多和爱斯梅拉达。小说的第一卷就是由人物构成的。情节尚未展开之际，格兰古瓦、主教、来自弗兰德使团的袜商科坡诺勒、卡西莫多、爱斯梅拉达这些成为第一卷章节标题的人物还没有互相产生关联，但正是这样的安排，预告了我们即将进入一个精心组织的虚构世界。

19世纪小说的制胜法宝不外乎情节、人物和主题,对于浪漫主义而言,或许还尤其强调服务于主题的美学手段。《巴黎圣母院》亦是如此。情节在主要人物之间展开,例如主教代理弗罗洛对美丽、善良的吉卜赛女郎(其实是被"埃及女人"偷盗的法国女郎)爱斯梅拉达的觊觎;丑陋而真诚的敲钟人卡西莫多对爱斯梅拉达的守护与忠诚;爱斯梅拉达对卫兵队长浮比斯热烈而不惜一切的爱情;还有卡西莫多对弗罗洛曾经的感恩与此后的憎恶。《巴黎圣母院》的情节也是依靠场景、行动和整体结构来实现的,所以才特别需要"历史"的支持。雨果偏爱宏阔的、戏剧舞台不能实现的大场景。例如开篇的司法宫演出,雨果在他的主人公出场之前,是这样铺垫的:

通向司法宫广场的五六条街道犹如河口,不断涌出一股股人流,从住户的窗口望过去,只见广场上人山人海,万头攒动。人流的汹涌波涛越来越扩大,冲击着楼房的墙角,而那些墙角又像岬角,突进围成如不规则状大水池的广场。司法宫高大的哥特式门面正中有一道大台阶,上下人流交汇在一起,又在接下来的台阶分成两段,从两侧斜坡倾泻到人海浪涛中;这道大台阶就是一条水道,不断向广场注入,犹如瀑布泻入湖泊中。成千上万的人呼喊、嬉笑、走动,简直甚嚣尘上,沸反盈天。

伴随着小说情节达到高潮,在巴黎圣母院前又上演了一场"丐帮"

和"羽林军"的大战,也是同样的大场面:乞丐们要从巴黎圣母院把爱斯梅拉达救出来,而"羽林军"得到了国王的指令,要"镇压叛乱""绞杀女巫"。爱斯梅拉达万万没有想到的是,她深爱的"浮比斯·德·夏多佩在他们中间尤为勇敢善战",当然,"丐帮"的朋友也不示弱,"他们怒气冲天,连牙齿都用上了,男女老少,有的蹿上马背,有的抱住马脖子,揪住不放,像猫一样用牙乱咬……"

两相比较,一静一动非常明显。小说开头铺排的场景是等着将人物汇聚在一起,让他们之间能够有一个合理的联系,人物于是一个一个出场,等待着在情节里渐次发生关联。19世纪小说遵循的原则就是A与B的偶遇,B与C原本相识,C与D因为某个事件产生了交集,转了一圈之后,D很可能倒回头,发现命运早已将他和A联系在了一起。已经产生关系的人物就这样通过彼此之间的互动将情节推进下去,融进作者控制的整体的叙事进程,因而在《巴黎圣母院》的高潮里,大场面完全成了人物对峙的陪衬,作者相反倒不需要大肆铺排了。这就是为什么,小说在第一卷的人物悉数登场之后,便安排人物们纷纷展开行动。在主线叙事中,有大约十几个至关重要的"行动"(action):第一个是卡西莫多——叙事者并没有故意隐瞒他是奉弗罗洛之命行事——想要劫持爱斯梅拉达,正好被夜间巡逻的卫兵队长浮比斯救了下来,从此,爱斯梅拉达情根深种。第二个是劫持-英雄救美的全过程被"哲学家兼诗人"的格兰古瓦看在眼里,他一路跟着爱斯梅拉达,误入了奇迹王朝,根据奇迹王朝的古怪法令,他差点被处死,幸亏爱斯梅拉达心存善念,和他结婚救了他一命。第三个是卡西莫多被浮比斯抓了起来，被判鞭刑，并且"旋转示众"。围观的人很多，但全都持着看热闹的心态，只有爱斯梅拉达给转盘上的卡西莫多送了水。卡西莫多"凝视姑娘，眼神充满自责和难以言传的伤感"。再接下去的一个行动则是浮比斯的未婚妻听说他救了爱斯梅拉达，让浮比斯召唤姑娘上家里来表演，爱斯梅拉达的山羊拼出了浮比斯的姓名，暴露了姑娘的爱慕之心。第五个行动是弗罗洛逼问格兰古瓦和爱斯梅拉达之间的关系，知道了浮比斯的存在。第六个行动是弟弟约翰找哥哥堂·克洛德·弗罗洛要钱，拿到了钱之后请浮比斯喝酒，恰巧被弗罗洛主教代理看见，弗罗洛主教代理得以跟踪浮比斯，来到他与爱斯梅拉达幽会的小旅馆。第七个行动是弗罗洛躲在房间里，看到爱斯梅拉达就要献身于浮比斯，于是出手刺伤了浮比斯。第八个行动是弗罗洛来到监狱，第一次向爱斯梅拉达表白，表示愿意帮她逃出去，遭到了爱斯梅拉达的拒绝。第九个行动是爱斯梅拉达被带到巴黎圣母院前，准备行刑，在最后一刻，她看见了阳台上的浮比斯，可就在认命的同时，被卡西莫多救下，卡西莫多将她带入教堂，高叫"圣殿避难"。第十个行动是弗罗洛来到卡西莫多为爱斯梅拉达安排的栖身之所，再次表白，再次遭到拒绝，欲施暴力，但被卡西莫多阻止，卡西莫多发现对方是养育他的主教代理，无法下手，幸而爱斯梅拉达趁机拿到了刀，弗罗洛没有得逞。第十一个行动是主教代理诱骗格兰古瓦代替爱斯梅拉达上绞架，但格兰古瓦提议让乞丐王朝和埃及部落攻打巴黎圣母院，而他们可以趁乱将爱斯梅拉达救出。之后，真正的高潮便来临了，弗罗洛利用格兰古瓦把爱斯梅拉达抢出来之后，让爱斯梅拉达在绞刑架和自己之间做出选择,爱斯梅拉达选择了绞刑架,于是弗罗洛让国王的军队前来抓捕爱斯梅拉达,被捕前爱斯梅拉达意外地得知蛰伏在教堂附近的"麻袋女"就是她的亲生母亲。最后,悲剧以小说一众人物的死亡而告结束,母女才刚相认,爱斯梅拉达就上了绞刑架,母亲也以卵击石地离开了世界,卡西莫多看到爱斯梅拉达被绞死,将弗罗洛扔下了教堂,他自己也守护在爱斯梅拉达的尸体旁,与她一起离开了这个悲惨的世界。

原本这十几个行动构成的情节十分紧凑,一环扣一环,完全能够体现19世纪小说一向强调的情节的因果链。故而在雨果的小说中,《巴黎圣母院》的确是最适合被改编成电影的,主线上的十几个行动就是天然的十几个电影场景,每一个场景或是大场面,或是人物两两之间的对峙,围绕着爱情这一核心话题,将虚构的偶然性与悲剧的必然性完美地结合在了一起,从而将读者或者观众的情绪带向高潮。

不够节制的旁枝末节?

但是,如果说连贯、紧凑的情节是《巴黎圣母院》的魅力所在,真正熟读小说的读者很快就会产生疑问:显然雨果并不满足于只在主线情节中叙事。小说由十一卷构成,主要情节与非主要情节几乎各占一半,故事顺着主线发展两卷,就会跳脱出情节之外,或倒叙对人物的过去进行交代,或借他者之口解答读者有可能提出的疑问,或直接以叙事者身份"说开去"。这一故意而为之的手法在之后的《悲惨世界》中曾经被发展到极致,也因此备遭质疑与诟病。

而在非主要情节中，有两卷是完全与这个故事没有任何关系的"离题"。小说才进行了两卷，在第三卷，雨果回到了叙事者的"现时"，站在19世纪，进入了"景点介绍"和"城市介绍"。第一章是"圣母院"，雨果细数了一番岁月、宗教和政治（现在倒回头，我们或许更能够理解雨果的这一观点）以及时代庸俗的品位在巴黎圣母院身上留下的痕迹和遭到的破坏：首先是巴黎圣母院的正面"已经少了三件重要的东西"，即台阶、拱门神龛里的雕像和二十八尊国王雕像；教堂里也推翻了"圣克里斯托弗的巨像"，"拆掉粲然置满圣骨盒和圣物盒的古老哥特式祭坛"，"色彩斑斓的彩绘玻璃"被"冷冰冰的白玻璃取代"，登到大教堂的顶层，在1787年，"一位鉴赏力极高的建筑师""腰斩了……小钟楼，并且用一大块锅盖似的铅皮膏药贴上去"。然后，雨果就借巴黎圣母院引申到了中世纪艺术的特点，将巴黎圣母院当作"从罗曼式到哥特式过渡"的建筑的典型代表，因而，"对这种混合型的建筑，艺术家、文物学家和历史学家仍有浓厚的兴趣"。雨果对巴黎圣母院的兴趣是有目共睹的，以至于在1946年，中国的法国文学学者吴达元编写《法国文学史》时，就对《巴黎圣母院》做出了独特的解读，认为雨果在这部小说里要描写的是巴黎圣母院——"这个建筑学的奇迹"。他甚至批评雨果的小说的缺陷在于人物，因为雨果"不是长于心理分析的小说家"，他的人物不缺少"动作"，缺少"生命"。相反，巴黎圣母院是这部小说唯一一个"有生命的人物"。《巴黎圣母院》也因此"当得上是一部历史小说"，只因为巴黎圣母院是它的背景。"靠作者的描写天才，不但圣母院是有生命的，连他的每一个角落每一件东西都是有灵魂的。"①

到了第二章,叙事者的视野从圣母院扩展至整个巴黎,追溯了从15世纪到1830年间巴黎的变化:巴黎的老城区,15世纪时的"现在"已不复存在的建筑,"城岛",圣贝尔纳修道院,圣日内维埃夫修道院,圣伯诺瓦修道院。叙事者甚至半真半假地写道:"就在本书出版第七版和第八版之间,人们在这所修道院内草草造起一个剧场。"巴黎的建筑,在雨果看来,也是和巴黎圣母院一样,从15世纪到他所处的19世纪,历史的演进就艺术而言并非都是幸事。在他的笔下还原的15世纪的巴黎是美丽的,对于这一点,雨果甚至还没有忘记讽刺一下伏尔泰:

然而,就是这样一座城市,伏尔泰却说"在路易十四世之前,只有四座美丽的建筑",即索邦神学院的大教堂、圣恩谷教堂、现代风格的卢浮宫,我已忘记第四个是什么,也许是卢森堡宫吧。所幸的是,尽管如此,伏尔泰还是创作出了《老实人》,仍然成为世世代代人类中,最善于发出魔鬼般笑声的人。这也恰好证明,一个人即使是旷世奇才,对自己不在行的艺术还是一窍不通。莫里哀说拉斐尔和米开朗琪罗是"他们时代的米尼亚尔",他还认为这已经是在抬举他们俩了呢。②

---

① 吴达元著,法国文学史,商务印书馆,1946年,第478—479页。
② 雨果著,李玉民译,巴黎圣母院,青岛出版社,第122页。该引文有所改动。

对巴黎圣母院和巴黎的"景物描写"并非没有下文。在第四卷通过倒叙交代了卡西莫多和弗罗洛这两个主要人物之后,雨果在第五卷插入了路易十一——屠狼肉伙计前来造访的"真人虚构",又拉慢了叙事节奏,发表了一大段"这个要扼杀那个"的感叹,更是写出了"任何文明都始于神权而终于民主"这样的名句。书籍——尤其是印刷术产生之后的书籍取代了建筑这种传统的直接表达形式,于是,我们更迷信象征,而忘了孕育象征的传统。所以,在雨果看来,有在建筑艺术一统天下时的文学,比如《伊利亚特》《罗曼采罗》《摩诃婆罗多》和《尼伯龙根之歌》;"13世纪的但丁,就是最后一座罗曼教堂;16世纪的莎士比亚,就是最后一座哥特大教堂";而到了18世纪呢?不再是手工的,一座座凝聚着人类智慧的丰碑了,而是《百科全书》,是通过"印刷机这台巨型机器不断抽汲社会的全部智慧汁液",然后"吐出新的建筑材料"。

我们可能要等到21世纪才能够明白,也许雨果有意让巴黎圣母院成为小说的主人公之一,与他笔下的卡西莫多、爱斯梅拉达和弗罗洛并列。《巴黎圣母院》的出版的确引起了大家对于当时已经处于年久失修状态,并且在1823年已经遭遇过火灾被损毁了木质尖塔——小说中雨果也提到了这场火灾——的圣母院的重视。而在2019年巴黎圣母院遭遇一场大火之后,我们似乎又重新理解了小说中这一似乎与情节没有多少关联的圣母院介绍的价值。随着时间的流逝,真正留下来的究竟是曾经在圣母院里发生的故事,还是圣母院本身呢?用雨果的话来说,是建筑艺术的胜利,还是印刷术的胜利呢?无论如何,在《巴黎圣母院》出版将近两百年之后的今天，我们或许还真的能够相信，我们已经反过来被象征和符号控制了，被现代科学技术重新合成的"新的建筑材料"控制了。"离题"的雨果远比不离题的雨果更具有现代意识。

喜爱宏大叙事的雨果或许也梦想着能够像他喜爱的莎士比亚一样，成为19世纪的哥特大教堂，如果在戏剧史上做不到，那就试试小说。在小说的"不同高度相继焊接多种艺术"，记录随着时间而流逝的智慧。小说可以"不必完备、定性并能归类"，但在转折的时期，需要有勇气探索成为"令人景仰的丰碑"的道路。巴黎圣母院和巴黎全景式描写的插入，也是雨果向读者昭示他要通过"建筑艺术式"的小说来记录历史的野心，而不仅仅是写一部印刷术意义的小说。

在某种程度上，"离题"是西方小说的传统之一。法国现代意义的"小说"（roman）自拉伯雷的《巨人传》始，与此前传奇故事一类的文体的差别，就在于叙事上能够在一个更大的空间里进行人为的组织，以情节的整体性和主题的一致性为核心，充分糅合虚构与真实。早期法国小说和早期欧洲其他语言的小说——例如《堂吉诃德》或是《十日谈》一样，并没有完全摒弃口述文学的传统，不断地"离题"也仍然是惯常使用的叙事手法。而在此后的发展过程中，则更加强调用统一的、合乎逻辑的情节保证虚构性，尤其是在19世纪下半叶的现实主义小说中，小说建立起来的规则渐至严苛，小说的主要情节与次要情节、主要人物与次要人物都严格服务于小说的主题，"离题"不仅不再流行，甚至被看作是有违小说精神的。正如

《法国文学：动力与历史》第二卷的《19世纪篇》所指出的那样，"在19世纪成为文学主要样式的小说延续了17世纪末以及18世纪的动荡。正是在这一时期，小说抛却了古代传奇故事、骑士小说和才子小说的简易性，转向了对人物以及情景的真实表现（représentation vraisemblable）。"①我们在雨果的小说里的确可以看到这种"对人物以及情景的真实表现"——是对"真实"的"表现"，而不是真实本身。表现必然通过人为地虚构在真实的情景中不可能发生的巧合来完成，例如《巴黎圣母院》最后的母女相认。在小说第二卷开始，爱斯梅拉达在广场卖艺，众生喧哗中，除了秃头男人——主教代理弗罗洛——的叫骂以外，"一个尖厉的声音从广场最幽暗的角落"响起，让她滚开，"麻袋女"出场了。"麻袋女"的故事以及她对"埃及人"的仇视，是在小说行进到一半的时候，假借看热闹的两个女人的对话揭开的，为了表现的"真实性"，尽管与小说的主要情节无涉，雨果还是花一番功夫仔细描写了两位对话者的服饰："她们身穿细布白胸衣、红蓝条纹的羊毛粗呢裙，腿上紧紧裹着踝骨处绣彩花的白线长袜，脚下穿着黑的方头棕色皮鞋，尤其她们戴的尖顶高帽，镶饰着各种缎带、花边和金属箔片，堪与俄罗斯帝国近卫榴弹兵的军帽相媲美，如今香槟省的妇女还戴这种帽子；整个一身打扮表明，她们属于富商的阶层，介乎仆役称之为'妇人'和'夫人'之间……"而爱斯梅拉达遭到"麻

---

① 参见 Françoise Mélonio, Bertrand Marchal et Jacaues Noiray, La littérature française: dynamique & histoire II, Gallimard, 2007. P. 442.

袋女"的咒骂的谜团终于在最后大白于天下，爱斯梅拉达就是"麻袋女"（又称"香花歌乐女"）被埃及人偷走的孩子，母女相认的时刻，却是再一次生死离别的时刻，也是整个悲剧在高潮中结束的时刻，看见女儿即将被绞死，"匍匐在地上的母亲忽然两眼圆睁，她没有号叫，但形容可怖……她被人扶起来，却又颓然倒下，原来她已经断气了"。

而卡西莫多，却是埃及人抱走小爱斯梅拉达后，留下来的那个孩子。最后，也在爱斯梅拉达被行刑之后随她而去，小说在结尾中这样描写曾经在生命初期有过一瞬间奇妙交集的两个人："……两具骷髅，一具以奇特的姿势搂抱着另一具。其中一具骷髅是女性，上面还有白布衣裙的碎片，脖子上挂一串念珠树果实的项链……紧紧搂抱这具骷髅的另一具则是男性，只见那具骷髅脊椎骨歪斜，脑袋缩进脖腔里，一条腿短一条腿长；不过，脊梁骨没有断裂的伤痕，显然此人不是绞死的，而是主动来此长眠。有人要把他搂抱的骷髅拉开，他的遗骸也就立时化作尘埃了。"

只是，雨果对这种小说规则的默认却并不排除他对"离题"的喜好。《巴黎圣母院》和后来的《悲惨世界》抑或《九三年》不同，在完成一出经典悲剧的同时，雨果在这部小说中还是让我们读到了我们熟悉的，拉伯雷的《巨人传》的味道。对于可以被划为强势的一方——宗教、王权或是王公贵族——雨果没有吝惜他讽刺挖苦的笔墨。路易十一和他的医师及理发师的对话中充斥着令人忍俊不禁的荒唐；浮比斯和他的未婚妻同样如此，社会的治理和既定的秩序完全被写成了一个笑话。

在 19 世纪受到批评的"离题"在 20 世纪末却又重新得到了青睐。

昆德拉在《小说的艺术》中，便再次推崇起了"离题"的妙处，认为"主题是不间断地在小说故事中并通过小说故事而展开。一旦小说放弃它的那些主题而满足于讲述故事，它就变得平淡了。相反，一个主题可以单独展开，在故事之外展开。这种处理主题的方法，我称之为离题。离题就是说：将小说故事暂时搁下一会儿。"[1]

因而我们也许不急于像《法国文学的里程碑》的作者那样，武断地认为雨果相较于他的浪漫主义前辈是一种倒退。和日后的昆德拉一样，雨果的小说纵使其历史背景、人物、情节千变万化，或许主题——或者说是"动机"（motif）却是始终不变的那几个：爱、苦难、救赎、自由与美。至于他在《巴黎圣母院》里为我们保留下来的"15世纪圣母院建筑图"，应该也是关于"美"的主题的一种"副产品"吧。至少在今天，这个"副产品"已经体现了它的价值。

主　题

最后，我们可以进入《巴黎圣母院》的主题了。

相对于《悲惨世界》，《巴黎圣母院》的主题是很容易提取的。其主要情节集中在三个男性人物与一个女性人物之间，甚至还可以进一步缩减为两个男性人物与一个女性人物之间：即弗罗洛—爱斯梅拉达—卡西莫多。爱斯梅拉达对浮比斯盲目的爱只是为了陪衬两种爱情的一个插曲而已。同名音乐剧里那一首脍炙人口的《美人》很好地诠

---

[1] 米兰·昆德拉著，董强译，小说的艺术，上海译文出版社，2004年，第94页。

释了三个人与假吉卜赛女郎之间的纠葛。卡西莫多唱道：我别无他求，只愿有一次，我的手能抚过爱斯梅拉达的秀发。弗罗洛唱道：难道她是魔鬼附身，让我远离上帝？是谁在我的内心种下了这肉欲？浮比斯唱道：我非信徒，我要去采下爱斯梅拉达的爱情之花。

　　爱无疑是雨果最熟悉的主题之一，《巴黎圣母院》当然也关乎爱。爱与忠诚，爱与无私的付出，爱与情欲，爱与占有，爱与恨，爱与死亡。这是年轻的雨果执着的主题之一。弗罗洛对爱斯梅拉达是一种爱，卡西莫多对爱斯梅拉达是另一种爱，"麻袋女"十几年如一日对女儿的守候也是一种爱。这个话题出自年近三十的雨果的笔下并不奇怪。彼时雨果结婚已近十年，少年懵懂虽未完全消失，婚姻给予他的却早已不仅仅是梦想成真的满足。阿黛尔经过数次的怀孕生产，对两人之间的情爱已有厌倦。而雨果的好友，日后同样在文学史上留下盛名的圣伯夫表露出了对阿黛尔的爱意。阿黛尔虽然不至于身体出轨，看上去也享受这种关系。雨果对阿黛尔、圣伯夫的感情也很复杂，时不时还是愿意迁就他们。《艾那尼》和《巴黎圣母院》都留下了三十岁转折之际的雨果在情感上的种种波动。"他就是主教代理克洛德·弗罗洛，在欲望与美德之间撕扯。他的灵魂有时也会化作敲钟人卡西莫多，或是英俊的浮比斯。他和他们一样曾经爱过波希米亚的爱斯梅拉达。她来自于他童年和青少年的记忆，也来自于他的梦幻"，就像马克斯·伽罗在《雨果传》里所说的那样[1]。激情，是的，但激情未见得都是可

---

[1] 参见 Max Gallo, Victor Hugo, XO éditions, 2017. P.276.

以善终的感情：弗罗洛也好，爱斯梅拉达也好，激情带来的都是爱的幻灭。甚至"麻袋女"对失去的女儿几近疯狂的爱到最后也是幻灭。所以，《巴黎圣母院》固然是关于爱情的，却并非爱的礼赞，甚至不完全是吟唱卡西莫多式的高尚的爱。小说的爱还真的是在浪漫之爱的范畴里，是爱的迷惑，是灵与肉的分裂，是得到与失去的辩证转换，是和弗罗洛密室里铭文所呈现的教育、思想、文字一般的混乱。爱，在这时候的雨果看来，也"是一个大杂烩"吧，"有形形色色的哲学、形形色色的幻想，也有各种各样的人类智慧"[1]。

从爱情切入，终归还是为了呈现爱情里的人。如果说，《巴黎圣母院》是在弗罗洛—爱斯梅拉达—卡西莫多的这个三角中展开故事的，小说的核心人物却并不是唯一的女主角爱斯梅拉达，而是由弗罗洛承担起历史转折之际人的困惑和疼痛。通常，雨果是将女人当作圣女和灵感所在来对待的。除了在诗歌中盲目歌咏，在小说中他并不是很擅长描绘女性人物，更不用说女性人物的心理。凡是人——无所谓男女——在社会中所能感受到的痛苦，他倒是很敏感。所以小说中，弗罗洛的分量要比爱斯梅拉达重许多。弗罗洛被定位为 15 世纪后半叶的主教代理，雨果先是非常聪明地抑制住了主角的出场，一直到第四卷里，雨果才将一个真正的弗罗洛展现在读者的面前。首先是在第二章，叙事者完整地交代了弗罗洛的出身，他怎么热情地投入到宗教、医学和荷马史诗里，又是如何在父母去世之后，突然认识到对弟弟负

---

[1] 参见 Max Gallo, Victor Hugo, XO éditions, 2017. P. 276.

有的责任，如何因为对弟弟的爱，收养了卡西莫多——那是为弟弟，为通向天堂积福。而在第五卷，我们便看到他"心潮汹涌激荡的种种征象"，"他那目光有时非常明亮"，然而，他又非常矛盾地"不近女色"，甚至"憎恶女人"，一面是他在幽室里屡试屡败地炼金，但另一面，则是"一段时间以来，他越发憎恶埃及和茨冈女人了。他曾请求主教颁布一项法令，禁止吉卜赛女人到圣母院前庭广场敲手鼓跳舞"。科学与巫术、宗教与人性在他孤独的心灵里冲撞，他不断地处于自我否定之中。在他的幽室墙壁上，贴着"医学是梦幻之女"的字样。他从小接受父母安排浸淫其中的宗教也在他的自我怀疑之列。悲剧就在于，没有更加强大的，令他信服的力量能够引导他——这究竟是弗罗洛的状态呢？还是接近三十岁的雨果的状态？这种自我否定和忏悔终于随着情节达到高潮。在他因为嫉妒了浮比斯，却嫁祸于爱斯梅拉达的时候，他去见了姑娘，在激情中坦诚他的痛苦：

我纯洁无瑕，心灵清澈明净。谁也不能像我那样自豪，那样容光焕发……教士们来向我请教贞洁操守的问题，博士们来向我请教经学……如果不是年龄增长，我也不会产生别的念头。不止一次，我看到女人经过，肉体就冲动起来。这种性欲的力量、男性热血的力量，我在狂热少年时期就以为终生被扼杀了，可是它还不时骚动抽搐，掀起把我这可怜的人锁在圣坛冰冷石头上的誓愿的锁链……

他挣扎过，但是，明媚的爱斯梅拉达让他感觉到被"命运抓住了"，他将这一切归咎到爱斯梅拉达的身上，他恨姑娘"是黑暗天使、火焰天使，而不是光明天使"，他感叹自己内心的无望挣扎，"一个人用充满情欲的头狠命撞去时，科学所发出的声音是多么空洞啊！"

痴迷于人内心的"黑暗"，这几乎是所有浪漫主义小说家的标志性特点。因而我们也就不奇怪雨果为什么会塑造弗罗洛主教代理这样的一个人物。的确，弗罗洛的人物形象要比卡西莫多、浮比斯鲜明和丰富许多。浮比斯的怯懦、轻佻只是大多数男性的通病。而为了赋予卡西莫多善良、忠诚的性格以合理性，雨果的处理方式可谓偷懒：那就是他是个聋人。弗罗洛则不然。他充分展现了一个人所可能有的矛盾，也充分展现了在可能失去信仰的时代，人认识自我的愿望以及对这种愿望的恐惧。

我们的理性真的那么可靠吗？理性又是什么？这个问题，放在《巴黎圣母院》所处的15世纪，只需要从对教会的质疑开始。不是否定上帝，而是否定严苛的教规对人的自由的束缚。科学才刚刚现身，它给了人类尚不明了的希望。但是在19世纪，问题则复杂得多。走出中世纪之后的四个世纪里，世俗权力越来越能够与宗教力量分庭抗礼。大革命之后，精神世界里完全没有能够一统天下的力量。浪漫主义对前一代启蒙主义思想家提倡的科学、理性持怀疑态度，于是也对科学所假设的那个普适的规律产生了怀疑。于是浪漫主义转向了自我和个体。在20世纪初的精神分析诞生之前，浪漫主义已经相信，并且无限夸大了非理性的存在。弗罗洛在密室里提炼黄金失败后，对"屠狼肉伙计"宣称，"造出黄金，就是上帝"，雨果难道不是要通过这个看似无关的细节隐喻一些什么吗？最后他对"屠狼肉伙计"说："我也潜心研究过医学和星相学，告诉您吧，那是虚无、虚无！人体，一片黑暗；星宿，一片黑暗！"

雨果借弗罗洛，为我们打开了这"一片黑暗"。正如《思想史》对浪漫主义人物的评价，"在每个浪漫主义人物的内心，在混乱而黑暗的灵魂深处有一个完全不同的人；一旦通往'第二自我'的途径被找到，就会发现另一个更深的现实。这实际上就是无意识的发现，它被理解成深藏在理性思想背后的一个实体，是解决问题的非理性方法的来源，是一种秘密的、令人狂喜的东西，它的首要特点是神秘、在夜间活动、丑陋、像幽灵、恐怖。"[1]——或许我们应该换一个角度来追溯人类悲剧的真正原因？雨果说，曾经我们以为是宗教的迫害，曾经我们以为是封建王权的问题，现在都推翻了，但人类的悲剧命运仍然无法避免。

于是《巴黎圣母院》的序言[2]里，雨果是用圣母院墙上镌刻的拉丁语的"ΑΝΑΓΚΗ"，即"宿命"（fatalité）来开篇的。非理性只能够表现，而不能分析与阐述，这是非理性与生俱来的悖论。到了最后一卷，弗罗洛再次威胁爱斯梅拉达跟他走的时候，也再次哀叹道："什么样的宿命啊！"[3]（Quelle fatalité！）

---

[1] 彼得·沃森著，胡翠娥译，思想史：从火到弗洛伊德（下），译林出版社，2017年，第869页。
[2] 青岛出版社李玉民的译本里没有该序言。
[3] 与李玉民译本略有出入。李译为：竟是这种命运！（第433页）

宿命，也是在小说行进到最后，读者才终于明白，这才是小说真正的主题。但这也是一个无解的主题。因为，神不在了，上帝也即将隐退，宿命的悲剧只能是人自身造成的。但是，文学的任务难道不是在这一刻发生了变化吗？它已经成为我们认识自己的途径之一。

《悲惨世界》：雨果自己的故事

　　《悲惨世界》的最终版本在 1862 年分三次出齐，那一年，雨果六十周岁，流放在外，尚未最后归国。一方面，我们并不怀疑，在雨果的几部小说作品中，这是流传最广、影响最大的一部：且不论小说在第一时间就被译成多种语言在世界流传，甚至根据《悲惨世界》改编的音乐剧也被译成 22 种语言，在全世界的舞台上常演不衰。但另一方面，从小说的角度而言，《悲惨世界》在出版时和出版后都受到了不同程度的批评，尤其是来自同行的批评。拉马丁、福楼拜、巴尔扎克、波德莱尔都不同程度地表达过对小说的否定意见。雨果专家让 - 马克·奥瓦斯（Jean-Marc Hovasse）在他为 2019 年上海明珠美术馆推出的"天才的内心——维克多·雨果展"时写的文章《悲惨世界》一文中曾经披露过，拉马丁"打算在他的《文学通俗教程》中专门写作一本单册作为对《悲惨世界》的回应，书名旗帜鲜明地叫作《关于一部杰作的思考》，又名《危险的艺术家》。它让'普罗大众'看过之后产生'无以复加的暴力'冲动，整本书几乎就是在恐惧之中带着无限的钦佩之情歌颂了'明知不可为而为之的激情'"。

　　一方面，《悲惨世界》遭遇了种种批评，另一方面，这恰恰是雨果流传最广，翻译版本最多，也引起最大轰动的作品。两者之间的矛盾倒是并不奇怪。雨果在外流亡，却并未离开过公众的视线，他的声名与日俱增，早已不再是写《巴黎圣母院》的时候，以浪漫派新一代领袖出道的那个年轻的、充满激情的雨果。文人的纵横捭阖与政治家的纵横捭阖不同，他能调动的只是文字，因而我们也真能够体会到，雨果试图在他的《悲惨世界》里调动千军万马的文字，以至于折损了时代——抑或是即将来临的文学新时代——的审美。

的确，《悲惨世界》虽然出版于雨果六十岁之际，但早已在雨果的脑中及笔下开始酝酿。小说究竟何时开始酝酿，现在也很难确定一个时间点。一般认为，能够在后来被整合成《悲惨世界》的内容的手稿，应该是从19世纪40年代中期开始创作的，只是小说的构思被1848年革命以及随之而来的流亡打断了。雨果对穷苦人的关注自不必说，小说开始也的确题作《贫穷》。而在1845年，雨果与画家比亚尔（Auguste Biard）的妻子偷情被警察局捉奸，雨果因有议员身份庇护，很快被释放，女方却滞留狱中。被释放的雨果于是闭门不出，开始创作《一个男人的故事》，主角就是后来成为《悲惨世界》主角的让·瓦让。除了这个事件给雨果留下了相对宽松的时间，能够用来构筑一部鸿篇巨制之外，或许这个事件还令雨果感到些许不安，因为同样是偷情，同样被捉奸，甚至偷情双方同为作家，女性却不得不留在狱中，这也促使他对公正的问题有所思考。另一个有可能促成《悲惨世界》写作的因素是，在1843年，欧仁·苏已经出版了十卷巨著《巴黎的秘密》，颇为成功。自1832年出版《巴黎圣母院》之后，再无小说作品问世的浪漫派领袖也迫切地需要一部"巨著"来证明自己的能力，否则，五十年后，一百年后，用文学留住法国这个令人激情澎湃的时代的，就只能是别人了。

因此雨果将他的浪漫主义留给了《巴黎圣母院》，将介入社会的责任赋予《悲惨世界》。对于《悲惨世界》的指责除了无序的激情——而且这激情不是通过小说人物来表达的，而是通过叙事者来表达的——之外，主要集中在这是一部难以定性的小说。关于这一点，皮埃尔·阿苏利纳（Pierre Assouline）在他的私人《文学词典》中描述得算是比较中肯，虽然也不乏淡淡的戏谑："维克多在这部小说中给予自己表达一切的权力：珂赛特的忧伤，滑铁卢战役的所有细枝末节，让·瓦让重获社会身份，以小说人物呈现的巴黎市民，还有令人难忘的双关语大全（'双关语是飞翔的思想拉出的屎'），总之，是以民间史诗呈现的对社会的一纸控状，长达五部！"我们并不怀疑作者将自己六十年的人生——而且也是法国六十年，甚至更长的历史——全都融入了小说，包括自己的童年，对拿破仑态度的转变，和阿黛尔的恋情，以及曾经居住过的斐扬派修道院。这使得《悲惨世界》成为作者对自己六十年人生的清算，并且这清算也针对巴黎、针对法国、针对时代。

一个男人的故事

分成五部、结构松散的《悲惨世界》可以被提取为多个故事。事实上，小说也的确分三次出版。营销策略？或许是的，第一次出版了第一部《芳蒂娜》的两卷本之后，整个巴黎都在热切地阅读并且盼望着下一部。但也不完全是营销：至少，从小说的技术上来说，每一部都构成了相对独立的故事，才使得分开出版成为可能。因而《悲惨世界》既可以被当作一部整体的小说来读，也未尝不可以被当作"同一主题的变奏"来读,哪怕那个时候,从小说的理论来说,昆德拉还没有提出他的"变奏理论"。

但是将《悲惨世界》与巴尔扎克的《人间喜剧》真正区别开来的,除了体量之外,或许是人物。《人间喜剧》是群像,即便一个人物有可能会在不同的小说里串场,每部小说的主人公却只是一个。《悲惨世界》则不然,看似除了第四部之外的每一部都以人物命名:芳蒂娜(Fantine)[①]、珂赛特(Cosette)、马里尤斯(Marius)、让·瓦让(Jean Valjean),但真正的主人公就只有一个,是他把所有人物的命运都串联到了一起,而他也渐渐凸显为所有人物中的核心,为这群无望的"悲惨之人"提供一种可能、一种希望。这就是雨果从1845年就开始刻画的苦役犯:让·瓦让。让·瓦让在第一部的第二卷就已经出场,他"戴着一顶皮檐便帽,背着一只布袋,在某天夜里步行来到了一座小城",也来到了小说里。而在第五部小说的结尾,让·瓦让与珂赛特、马里尤斯的误会解除,安然而幸福地死去,在远离拉雪兹公墓的公共墓坑附近,有一块石板上写着这样的四句诗:

他安息。尽管他的命运很离奇,
他要活。他死去,只因失去天使;

[①] 《悲惨世界》自1903年引入中国,也有多个版本的汉译本。本书《悲惨世界》的引文均出自潘丽珍译本(译林出版社,2019年版),因此也沿用潘译本中的人物译名。

事情自然发生，再也简单不过，

就像白天过去，夜幕便要降落。

（Il dort. Quoique le sort fût pour lui bien étrange,

Il vivait. Il mourut quand il n' eut plus son ange,

La chose simplement d' elle-même arriva,

Comme la nuit se fait lorsque le jour s' en va.）

  既然雨果是要写一部"人民"的小说，让·瓦让自是能够代表"人民"的，而且是在 19 世纪上半叶，生活在法国的芸芸众生里的一员。他肩负着"底层"与小说要求的传奇性，因此，他的出身是空有一身力气，却养不活家人的善良的伐木工；他因为家人的饥饿偷了一块面包，从而锒铛入狱；在狱中，他在无知兄弟会的学校里认了字，学会了加减乘除，于是也对自己的苦难有了认识；出狱后，不再遭受"社会和国家剥削"（在监狱里挣的钱被扣得七零八落）的他因为只有象征罪犯身份的"黄护照"，根本无法获得靠正当劳动生活的权利。幸而，受到米里埃（Myriel）主教的感召，他得到了救赎，从此打算做一个好人。机缘巧合，他挣了钱，成了"马德兰市长"，也有志于通过自己正当的努力照顾与他一般不幸的人。但是苦役犯的身份仍然在威胁着他，他始终在和自己的过去苦苦斗争。他答应了在他工厂做过工，却因无空照拂最终没能保护的芳蒂娜，照顾她的女儿珂赛特。他带着珂赛特，隐姓埋名、东躲西藏地过了十几年。也同样是因为过去的身份问题，他长期受到警长雅韦尔（Javert）的追踪，无法道清的过去使得他受到奸人的威胁，也使他最终和珂赛特、马里尤斯产生误会。直至误会解开，而已是风烛残年的让·瓦让也终于能够幸福地死去。

让·瓦让出狱后，重新恢复自己社会身份的二十年是小说中最重要的叙事时间。在这二十年里，让·瓦让一直在米里埃主教的感召下奋力地与各种社会之恶——这一次并不像《巴黎圣母院》里那样，是人之恶——做斗争。他的身上当然还带有英雄理想主义的色彩，以一己之力对抗社会或明或暗的势力。入狱之前，他只能说不是个恶人，凭借本能进行抗争；出狱之后，经历过挣扎与救赎，他就往米里埃主教那样的圣人的道路上前进了。他要在死亡的时候才能够真正成为圣人，在此之前，我们需要借助他前行道路中所展现的一路荆棘才能够明白，如果说美德在一定的时代里，甚至在不同的时代里都可以取得共识，人却会在美德的自我完成过程中遭遇种种阻力。

阻力可能来自任何单一的信条。《悲惨世界》里最持久，也是最难以评价的存在是雅韦尔警长。他只比让·瓦让稍微迟一点出场，也几乎和他同时谢幕。表面上看起来，他就是让·瓦让重新开始生活的最大阻碍。但作为人，雨果并没有站在让·瓦让的立场，对雅韦尔大加抨击。比在《巴黎圣母院》中还有过之而无不及的一段离题之后，雨果用"母狼生的小狗"来形容雅韦尔。雅韦尔之所以坚持不懈地追捕让·瓦让，源于他简单的人生信条："这个人由两种非常普通的情感构成：尊敬权力，仇视反叛。这两种情感相对来说是很好的，但他做得过分，就变得近乎恶劣了；在他看来，盗窃，谋杀，一切罪行，不过是反叛形式。凡是在官府任职的人，从首相到乡警，他都盲目地深信不疑。凡是犯过一次法的人，他都投以鄙视、憎恨和厌恶。他讲绝对，不承认例外。"

雅韦尔与让·瓦让的较量与纠缠，最终以雅韦尔对法律的无条件信仰全面溃败而告终。雅韦尔几乎用了一生的时间追索让·瓦让，研究他的内心，也用了一生的时间来审视自己的信念，来确认法律是否是正义与非正义无可辩驳的边界线。曾经认定的一切，终于在与让·瓦让的斗争中土崩瓦解，于是人生再也无所依附。让·瓦让和雅韦尔对峙的高潮，是在革命的风暴中，让·瓦让先是救了雅韦尔，之后又救了马里尤斯。于是，雅韦尔感到混乱了："一个坏蛋做好事，一个苦役犯有同情心，温和，乐于助人，宽容，以善对恶，以宽恕对仇恨，爱怜悯而不爱复仇，宁愿毁灭自己也不毁灭敌人，救出打击过他的人，跪在美德的高峰，更接近天使而不是人！雅韦尔不得不承认，这个怪物是存在的。"《悲惨世界》给雅韦尔设计的结局是非常浪漫主义的：雅韦尔接受"法律的眼睛里也可能有一滴泪，说不清的天主的正义同人的正义背道而驰"，但是正因为失去了可以追随的信条，他感到困惑，人生变得困难重重，于是"弯腰俯向塞纳河，然后又挺起身来，笔直落到黑暗中"。

阻力也可以来自无知与贪婪，并且这无知与贪婪并一定全都来自"统治"或者"压迫"阶级。穷苦人中也有恶势力。让·瓦让重新在社会中立足，让·瓦让与珂赛特幸福而安宁的生活，在某种程度上都是被泰纳迪埃（Thénardier）一家破坏的。站在正义的这一方，是让·瓦让串联起了《悲惨世界》里的所有人物，串联起了包括自己在内的两代人的故事,泰纳迪埃一家则是站在阻止正义实现的一方,推动着情节一步步往前进。芳蒂娜把小珂赛特托付给了泰纳迪埃夫妇,这一对夫妻不仅向芳蒂娜无度索取钱财,将她逼入更惨的境地,还苛待小珂赛特。等到小珂赛特长大,他们家境没落,在一次行骗中又与让·瓦让和小珂赛特偶遇,泰纳迪埃认出了让·瓦让,于是打算实施敲诈。而这时,离开外祖父家的马里尤斯恰巧——当然是小说中的恰巧——与泰纳迪埃一家成了邻居。通过两间房之间的窥视孔,他目睹了泰纳迪埃一家威胁让·瓦让父女俩的全过程。但因为父亲临终前留下的一张字条,马里尤斯陷入了极度矛盾中,他无法判断泰纳迪埃一家人的真正面目,甚至因为盲目地认定泰纳迪埃就是当年救了父亲一命的恩人,一度误会了让·瓦让。这一误会,直到小说最后才解开,小说也因此有了一个完美结局。

泰纳迪埃一家无疑是"高尚"的反面。但是有趣的是,雨果虽然对泰纳迪埃一家的形象描写多有贬斥之意,却并没有一味地对他们进行口诛笔伐,甚至对于埃波妮(Éponine)和加弗洛什(Gavroche)还颇为留情,尤其是加弗洛什。加弗洛什也因此成为《悲惨世界》中的经典形象之一,加弗洛什带领我们进入的巴黎地下世界堪与欧仁·苏的《巴黎的秘密》或狄更斯的穷苦人世界相媲美。

在雨果看来,人类的贪婪,其源头或许并不是贫穷,但贫穷会加剧贪婪。它"有两个母亲,两个后娘,即愚昧和贫困。它们有一个向导,就是需要;贪欲是满足的种种形态"。雨果认为,人生来并无好坏之别,只是"愚昧无知掺杂到造人的泥团,就把它变黑了。这难以改变的黑色进入人体，变成了恶"。所以，"从受苦走向犯罪，这是必然的演变"。换句话说，泰纳迪埃夫妇成为"作恶的穷人"，这也是必然的。

从人出发，而不是从阶级出发，这既是雨果式的人道主义的特有标志，也是引起马克思和恩格斯对"进步浪漫主义"代表人物雨果的不适的原因。穷人的抗争既可能像让·瓦让那样，坚持在"善"的道路上行进，昭示人性伟大的力量，也有可能演变为泰纳迪埃一家的穷人之恶。所以，善恶本身不带有富有或者贫穷的印记，真正决定人行善还是作恶的，恐怕还是近乎宗教的道德力量有没有起到作用。相较于青年时代的《巴黎圣母院》中善与恶、美与丑的绝对设置，六十岁的雨果显然是借助《悲惨世界》做出了某种总结，即一种思想替代另一种思想，一种制度替代另一种制度，一种阶级替代另一种阶级进行统治，也同样无法改变人类的善恶两元。短短三十年间的法国所经历的共和、复辟、帝国，在哪一种制度状态下，穷人的命运从来没有改变过。让·瓦让的命运改变以及从"恶"到"善"的转向，与思想、主义和革命都没有关系。

一个女人的故事

"一个女人的故事"原来也是《悲惨世界》中某一部的标题，现在看来，应该已经为《芳蒂娜》取代，是小说的第一部。芳蒂娜的故事尽管是小说第一部的主要内容，但让·瓦让却先于芳蒂娜出场，命运悲惨的芳蒂娜也绝不是小说的主角，而只是让·瓦让承担起其自身命运的关键人物。

芳蒂娜这个人物，的确在《悲惨世界》的构思中起到过重要作用。对此，雨果自己在《随见录》里有所记录。这名后来发展为《悲惨世界》女性人物芳蒂娜的女子出现在雨果1841年的一篇文章中。雨果在这一年入选法兰西学士院院士，1月9日应邀赴宴，赴宴出来在街上看见一个风尘女子受人捉弄，于是与捉弄之人打作一团。警察闻声而动，遭到逮捕惩罚的却是那个女子，雨果欲为之辩护，可毫无用处。于是这个事件再次触发了雨果对于弱势的"底层"人民的思考，从而也成为触发他创作《悲惨世界》的因素之一。

芳蒂娜的故事就这样进入了《悲惨世界》。从小说的安排来看，这既是一个独立的故事，同时也为日后情节的推动埋下伏笔，因为芳蒂娜以及芳蒂娜女儿珂赛特的命运也是让·瓦让的命运的组成部分。芳蒂娜的悲剧到现在仍然是女性经常遭遇的悲剧。雨果在芳蒂娜刚出场的时候就特别强调，芳蒂娜是一个女工，是"一个贞洁的姑娘"，并且"尽可能地保持贞洁"。她自食其力，向往爱情，"她干活是为了生活；始终为了生活，因为心灵也有饥饿的时候，她在恋爱"。和大学生的恋爱最后却是骗局一场，她怀了孩子，情人不知踪影，自此后命运便急转直下。爱情转化为母女亲情，类似的设定我们在《巴黎圣母院》中也见到过，芳蒂娜也一样，她"勇敢地放弃戴首饰，身穿粗布衣，把她所有的丝绸、旧衣、丝带和花边打扮女儿，这是她剩下的唯一的，也是圣洁的虚荣心"。为了生计，她把孩子托付给了当时经营旅馆的泰纳迪埃一家，自己去了马德兰市长的工厂做工，以支付孩子的抚养费。然而她有私生子的事情让周围人知道了，在马德兰市长毫不知情的情况下,她被工厂开除,失去了生活来源。泰纳迪埃一家想尽各种办法问她要钱,她卖了头发、卖了牙齿,最后迫不得已出卖身体。这时候,雨果丝毫没有掩饰自己的立场,他让叙事者跳出来说:

芳蒂娜的故事含义何在?这是社会买下一个女奴。
向谁买的?向贫困买的。
向饥饿、寒冷、孤独、遗弃、匮乏买的。痛苦的交易。一个灵魂换一块面包。贫困献出,社会收进。
耶稣基督的神圣法则统治着我们的文明,但并没有渗透进去。有人说,奴隶制已从欧洲文明中消失了。这是错误的。它一直存在,不过对妇女压迫更重,它叫作卖淫。
它压迫着妇女,就是说压迫着优雅、柔弱、美、母性。对男人来说,这并非是微不足道的耻辱。

优雅、柔弱、美、母性,这是雨果对女性的定义。事实上,雨果的小说中,女性人物一向不在中心位置,因此通常都会被归结为这样几点抽象的美好品质。倘若出场,如若不是作为美的化身——例如《巴黎圣母院》里的爱斯梅拉达,便是作为母性的化身——例如《九三年》里的米什尔·弗雷夏,除了在母爱爆发的瞬间,她们是优雅而柔弱的,是需要保护的。正是这种对女性的理想化使得雨果并没有为我们留下非常值得文学史记取的女性形象。《巴黎圣母院》里的爱斯梅拉达固然因为跟随吉卜赛人,长期混迹于"奇迹王朝"而充满了野性、自由的魅力,但这些都还不是小说的重点。她的爱情甚为肤浅、盲目,缺乏解释。雨果甚至很少站在女性的角度思考,对他而言,女性作为社会中的弱势人群,只是他思考的对象,而不是思考的主体。

芳蒂娜如此,小珂赛特就更是如此。珂赛特的童年是一个噩梦。幸亏让·瓦让践行了他在芳蒂娜临终前的诺言,将珂赛特接到身边。让·瓦让为了躲避警察局的追捕,带着小珂赛特隐姓埋名地生活在皮克皮斯修道院里。修道院的生活——雨果仍然保留着在小说中大量插入题外话的习惯,在《悲惨世界》里,有专门题为"题外话"的一卷(第二部第七卷),对修道院的悲惨展开长篇大论——保证了珂赛特的"贞洁"。在马里尤斯最初见到珂赛特的时候,她甚至是"瘦削得几乎丑陋,笨拙,毫无可取之处",因为修道院里"喜欢丑的姑娘"。"贞洁"而"丑",这自然也不符合雨果对于女性的理想化设定,因此,待珂赛特长大,不再适应在修道院继续生活下去之后,她突然间以漂亮的姿容出现在马里尤斯眼前。"美妙的栗色头发间有金丝,脑门像是大理石的,脸颊仿佛一瓣玫瑰,红里透白,白里显红,嘴巴有模有样,笑声像闪光一样、话语像音乐一样从中逸出。"此后的爱情故事顺理成章地在少年和少女之间展开,少女对于少年就只是崇拜,他说什么都是好的、对的,甚至因为他所说的一切,少女还一度远离了养育她长大的让·瓦让,直到少年自己对让·瓦让的误解解开。

从芳蒂娜到珂赛特,母女俩的命运差距只在于是否受到了男人的保护而已。我们当然没有必要为此指责雨果,而且雨果在现实生活中,也曾数度为女性发声。而在雨果的小说中，我们更加清晰地看到了雨果对于女性的立场：雨果喜爱女性，欣赏女性（这应该和雨果从未曾在女性这里受过伤相关，母亲也罢，妻子也罢，情人也罢，在不乏竞争的感情中，他从来都是赢家，是这些女性关注的对象）；他对她们抱有巨大的同情，知道这个社会对待她们比对待男性要苛刻得多；他希望能给她们好的生活，就像让·瓦让给珂赛特好的生活一样，而这种保护也是防止她们"堕落"的方法。这也就是为什么，在雨果的任何一部小说中，我们都没有见到过女性主动的、有预谋的、作为主体的抗争。

如果我们把《悲惨世界》里珂赛特和埃波妮的命运对照着看，就会更加明白这一点。西方进入现代意义上的小说模式，在细节上呼应。埃波妮是泰纳迪埃夫妇的女儿，与珂赛特在童年就有交集，只是那时鲜亮的是她，而悲惨的是珂赛特。芳蒂娜寄给泰纳迪埃夫妇的钱都花在了埃波妮和她妹妹的身上。童年时代的埃波妮也不善良，只是雨果并不苛责，因为"泰纳迪埃恶毒对待柯赛特，埃波妮和妹妹也变得很凶恶。这种年纪的孩子，只不过是母亲的复制品。尺寸小一些，如此而已"。长大后，是马里尤斯又将两家串联了起来。和珂赛特脱离了修道院死气沉沉的气味后骤然光芒四射不同，埃波妮长成为"一个苍白的、羸弱的、瘦骨嶙峋的姑娘"；马里尤斯初见之下，她"只穿一件衬衫，一条裙子，光身子冻得瑟瑟发抖。腰带是一条细绳，削尖的肩膀从衬衫顶了出来，皮肤白里泛黄，显出淋巴体质，锁骨土灰色，双手通红，嘴巴半张半闭，暗淡无色，牙齿不全，目光晦暗，大胆而卑琐，一个后天不足的少女形态，一个沦落的老女人的眼神；五十岁同十五岁混在一起；这种人集衰弱和可怕于一身，令人见了不掉泪就发抖"。雨果接着满怀同情地写道："这个姑娘生来并不丑。孩提时，她甚至大概很漂亮。青春的魅力还在对抗因堕落和贫困而未老先衰的丑陋。美的余韵正在这张十六岁的脸上消失，犹如冬日清晨在彤云密布上消失的苍白阳光。"青春期的姑娘，无论美丑，无论穷富，都有一颗向往爱情的心。埃波妮最终因为爱情背叛了作恶的父亲，死在马里尤斯身边，她的要求是，马里尤斯能在她死去之时，亲吻一下她的额头。

女性是不会成为恶与丑陋的象征的，那是因为在她们的血液里，就没有恶的基因。即便在恶的环境里，也凭着母性或是爱情就可以唤醒隐藏着的善，因而终究是美的。

雨果自己的故事？

《悲惨世界》的叙事时间覆盖两代人的命运。在第二代人的故事中，有一个非常独特的存在，那就是马里尤斯。他不属于最初触发雨果写《悲惨世界》的动机人物：虽然也不算是生活优渥之人，但是到底也不属于底层社会。和让·瓦让不一样，他不是在小说的一开始就已经"定型"的人物，要通过情节的展开把人物所要昭示的东西一点点呈现在读者的面前。相反，马里尤斯是一个充满了矛盾的人物。这种矛盾，既体现在他成长经历中的反复，同样也体现在他对于自己的人生，对身边的人物的盲目性上。

除了串场的作用，马里尤斯进入《悲惨世界》里，在雨果1860年前后重拾小说的写作时，也有主题上的考虑。1860年，雨果已经接近六十岁，童年时期家庭动荡，青年时期为了爱情、名誉与未来而战，到中年时期开始流亡，雨果对自己在思想上的变化是历历在目的。《悲惨世界》写到第三部分，雨果便毫不犹豫地把自己附在马里尤斯身上，要记录下时代在他身上留下的印记。他自己在1860年的笔记中写道："非得修改马里尤斯不可，让他据实评价拿破仑。三个阶段：一、保王党人；二、波拿巴主义者；三、共和党人……"①马里尤斯是外祖父养大的，父亲是拿破仑麾下的将军。虽然雨果从小生活在母亲身边，但我们轻而易举地就可以把小说中的"蓬梅西将军"和雨果将军之间画上等号。马里尤斯的第一阶段是保王党人，他在外祖父吉诺曼家和德·T夫人的沙龙里长大，而且，沙龙就是"马里尤斯·蓬梅西对世界的全部认识了"："T夫人的沙龙是马里尤斯·蓬梅西对世界的全部认识。那是他观察人生的唯一窗口。这个小窗口阴阴沉沉，带给他的寒冷多于温暖，黑暗多于光明。"早已不再是保王党人的雨果这样来解释政治观点正处在第一阶段的马里尤斯那时所看到的世界，一个由"极端保王党人"组成的世界：

是极端分子，便是做过头。便是以御座的名义攻击王权，以祭坛

---

① 转引自安德烈·莫洛亚著、程曾厚等译，雨果传：奥林匹欧或雨果的一生，浙江大学出版社，2014年，第453页，略有改动。

的名义攻击教权。便是不好好拉车。便是在拉车时尥蹶子。便是嫌焚烧异教徒的火候不足,找柴堆的碴儿。便是责备偶像太不受人崇拜。便是尊敬到了横加侮辱。便是觉得教皇不大像教皇,国王不大像国王,黑夜太明亮。便是嫌大理石、天鹅、百合花还不够白。便是太拥护竟至于成了敌人,太赞成竟至于成了反对。极端主义是王朝复辟初期的特征。

雨果本人倒是从来没有进过"极度保王党"的行列。小说中外祖父设置障碍,让马里尤斯对自己的父亲产生误解,从而对拿破仑颇有成见,这一点和雨果本人的经历不无相似之处。只是在雨果的现实生活中,马里尤斯的外祖父更多是由母亲来扮演的。直到母亲去世之后雨果才与父亲和解,也体会到了因父母不和而姗姗来迟的父爱,可惜的是,父亲在他二十六岁这一年也过世了。他在给友人的信里提到他失去了"世界上最爱他的人"。正是因为理解了父亲,并以他的将军和伯爵的身份感到骄傲——他也颇为自得地承袭了这一帝国的荣耀,成为维克多·雨果男爵,与他从圣伯夫那里得到的自由主义结合起来,成为一个波拿巴主义者。小说中的马里尤斯也是在情感的驱使下发生了政治立场的改变。当他终于来到父亲居住的维尔农,却没能见上父亲最后一面,父亲临终前留下的信里只是简单留下了男爵的封号,让马里尤斯继承,同时嘱他找到自己所谓的"救命恩人"泰纳迪埃,从此埋下了误会的种子。马里尤斯从别人那里了解到父亲对他深沉的爱,了解到父亲是一个"罕见、崇高

和温柔的人"。接着,他开始想要了解父亲的思想,叙事者,更甚是作者跳出来代替了马里尤斯:

> 在这之前,共和国、帝国对他不过是可怕的字眼。共和国是暮色中的断头台;帝国是黑夜里的马刀。他刚朝它们看了一眼,在原以为只能看见黑暗和混乱的地方,却看见繁星闪烁,不禁惊讶不已,又怕又喜。他看见了米拉波、韦尼奥、圣茹斯特、罗伯斯庇尔、卡米尔·德穆兰、丹东。他看见一轮太阳冉冉升起,那就是拿破仑。他晕头转向,不知所措。光亮照得他眼花缭乱,连连后退。惊讶渐渐过去,他开始适应这些光芒,他毫不眩晕地注视那些事迹,他毫不害怕地审视那些人物,革命和帝国光辉灿烂地展示在他幻觉丛生的双眸前。他看见这两组的人和事,分别会合到两个伟大的行动上;共和国将至高无上的民权还给了人民大众,帝国将至高无上的法兰西思想强加给了欧洲;他看见革命产生了人民的伟大形象,帝国产生了法兰西的伟大形象。他心里说,这一切是美好的。(第三部,第四卷,第六章)

在雨果的眼里,大革命和帝国曾经意味着断头台、战争,是恐怖。但是,在写下《悲惨世界》的此刻,他承认,大革命做到了"天赋人权",是一种进步;他还承认,是帝国给了法国无上的荣耀。"他剥掉了贵族、雅各宾派和保王派的外衣",人民主义+民族主义于是成为雨果-马里尤斯第二阶段的政治理想。

紧接着还有第三阶段。《悲惨世界》里马里尤斯的第三阶段却并不表现在政治立场的共和上——虽然我们知道,雨果是。在与大革命、与拿破仑和解之后,他就成了一个坚定的共和派。共和是底线,是人民行使权力的保障,却不足以保证社会的公正与正义,否则在这个时代,文学就失去了它的意义。马里尤斯被卷入的 1832 年的革命,小说中并没有过分强调正义与非正义的区分。让·瓦让在这场革命中,既救了代表秩序一方的雅韦尔,也救了代表破坏秩序一方的马里尤斯。在进入叙事之前,叙事者先跳出来对正义的"起义"和非正义的"暴动"进行了一番甄别:"在所有牵涉集体主权的问题中,全体反对部分人的战争是起义,部分对全体的进攻是暴动;要看杜依勒里宫内是国王还是国民公会,才能确定对它的攻击是正义的还是非正义的。"这个时候我们能够体会到雨果对 1832 年革命的同情。只是马里尤斯被召唤去街垒战,并非完全出于对正义的维护,而是以为很可能就要失去珂赛特的爱情了,"他痛苦到发狂,脑子里再也没有确定和牢固的想法,两个月来在青春与爱情的迷醉中度过,今后无法接受其他命运,绝望中产生的种种妄念把他压倒,他只有一个心愿:快快了结此生。"革命的结果我们也非常清楚了,真正拯救马里尤斯的,并不是革命,或者共和的信念,而是让·瓦让的大爱,是他对珂赛特的无私的爱,以及他对普天下之人——无论他们是卑微还是高贵,是贫穷还是富有,甚至是卑劣还是高尚——的爱。让世界恢复秩序的,也是这样一种爱,与政治立场无关。

另一点不可否认的是,在马里尤斯身上,我们也生动地读到了雨果对阿黛尔的爱情。谁会否认 1832 年 5 月,马里尤斯和珂赛特在荒废的花园里度过的那些甜蜜的夜晚，就是雨果和阿黛尔在婚前的经历呢？那时，一切是那么美好，足以令雨果回味一生，也足以让雨果将这份在婚后已经变质的爱从形式上坚持到底。马里尤斯和珂赛特和雨果夫妻一样，也是"通过一吻订了婚"。而马里尤斯对于贞洁近乎严苛的要求也与雨果内心深处的浪漫主义的绝对非常吻合：如果说，政治上的矛盾是可以原谅的，浪漫主义的爱情却是要么天堂要么地狱。在两个人幽会的夜晚，上帝在一旁冷眼观察道："如果珂赛特在生平这一阶段，爱上一个轻浮放荡的男子，她就完了；因为宽厚的天性容易委身，而珂赛特属于这种天性。女人的宽厚，表现之一是容易让步。处于绝对高度的爱情，廉耻心会说不清地盲目得叫绝，变得复杂化。可是，高尚的心灵，要冒多大的危险啊！往往你奉献一颗心，别人却占有你的肉体。你的心给你留下来，你看着它在黑暗中瑟瑟发抖。爱情绝没有折中结果；要么完蛋，要么得救。人的全部命运就是非此即彼。这种祸与福的二难推论，任何命运都不像爱情这样无情地提出来。爱情非死即生。既是摇篮，又是棺材。同一种感情，在人心中可以说是，也可以说否。在天主创造的一切事物中，人心能释放最多的光明，唉，也能释放最多的黑暗。"灵与肉的绝对分离，使得高尚的爱情与肉欲应该是毫无关系的。仅仅因为在公园里，风掀起珂赛特的裙子，珂赛特露出了脚踝，就让马里尤斯觉得无法忍受，因而三天没有理会她。这个场景后来成为浪漫主义爱情的绝对场景，也成为抨击浪漫主义时可笑的、不可或缺的靶心。

正是这一浪漫主义爱情观使得雨果的小说里，对爱情的描写从来都是点到为止，无法深究。爱情中的女性始终处于无知的一方，《悲惨世界》里的珂赛特如此，《巴黎圣母院》里的爱斯梅拉达也不例外。她们是否有好的结局只取决于爱情中的男人是否具有"高尚的心灵"。爱斯梅拉达的运气不好，浮比斯队长并不需要她的灵魂，只索求她的身体；弗罗洛的肉欲冲破了理智，更是彻底摧毁了爱斯梅拉达，造成了她的悲剧。芳蒂娜也是将芳心错付给了一个不靠谱的、轻浮的大学生，铸成了一生悲剧。与她相比，珂赛特无疑是幸运的，有父亲让·瓦让的庇护，马里尤斯则是在和珂赛特谈情说爱的时候，"肉欲绝对沉寂，马里尤斯，纯洁高尚的马里尤斯，宁肯去找一个妓女，也不愿把珂赛特的裙子撩到脚踝骨"。这样，爱情就被写进了死胡同，难以为继。这个时候需要叙事者出场，为爱情的双方制造一些障碍来成就这份爱情。就像在现实生活中，需要欧仁的竞争，需要母亲的反对，雨果才能够最终和阿黛尔有一个婚姻的结果。

至于在小说里，或许雨果本人也愿意承认，爱情描写得不完美，也是《悲惨世界》这样一部无所不包的小说不完美的一部分。无论如何，爱情并不是小说中，至少不是《悲惨世界》中最重要的部分。因此不完美的爱情描写与带有过于强烈私人色彩的爱情思考并不影响小说的价值。

一个圣人的故事

《悲惨世界》的无所不包，使得它既可以被当作一部侦探小说来读，也可以被当作一部社会小说来读，甚至可以被当作一部思想性的小说来读——如果我们不说"政治小说"或者"哲学小说",事实上,小说也的确与真正的"政治"或者成体系的"哲学"相距甚远——很有趣的是,如果《悲惨世界》被当作思想性的小说来读,这个思想性的全部内容几乎都可以被缩减在第一部分第一卷里。除去小说家一向热衷的"离题",最重要的思考几乎都出现在对于米里埃主教的描述中。如果用雨果偏爱的"建筑式的小说"来定义,小说的第一部分第一卷相当于一座建筑物的门脸:由拱门、侧窗、台阶构成,门脸的震撼度决定了建筑物内的震撼度;而走进正殿,也必须经过门脸。

正是在这样的位置上,雨果赋予米里埃主教以神性。小说家在这里不需要交代这份神性的由来,只需要交代这份神性所包含的内容。该内容也决定了作为人的主角让·瓦让今后赋予自己以什么样的任务,在社会上承担什么样的责任。也就是说,米里埃主教在小说的开始完成的是神启的功能,就像上帝要将拯救苍生的责任交到耶稣手中,而耶稣则是注定要和大众一起承受灾难、应对灾难的。因而在众多占到一定篇幅的小说人物中,米里埃主教也是唯一一个交代完整,却"没有下文"的。

叙事者站在 1815 年的时间点上,对米里埃主教的过去语焉不详。但是不长的一段交代中,读者可以获知几点明确的信息:米里埃主教出身贵族家庭,1740 年前后出生,是大革命造成了他的际遇变化;大革命之后,他经历过流亡,归来时孑然一身,没有婚姻,没有财产,也没有可以依傍的势力,成为一名教士,但机缘巧合,他当上了迪涅教区的主教;他带着妹妹和一位女仆在 1806 年前来赴任,妹妹是虔诚的教徒，女仆身兼管家的职责，这也就是这个简单家庭的基本构成了。

重要的不是主教的过去，以及主教持有什么样的政治观点、宗教观点，而是主教怎么做。这位主教的功绩，从最浅薄的开始，就是把自己的财产都用来救济穷人。他一年的收入有一万五千法郎，除了留下一千法郎供自己开支以外，其余皆用在资助医院、穷苦百姓或者教会及监狱的善事上。后来在管家太太的提醒下，他申请了三千法郎的车马费，也悉数用在教区的百姓身上。传教布道，访贫问苦，他仍然是靠步行。

这位主教功绩的第二个层面，就在于宽容和理解。主教善于倾听，没有事先设置的、具有严格宗教意义的道德界限。他在阐述自己的观点时，总是因地制宜，"决不把品德问题提到高不可攀的地步"，也绝没有一成不变的、可以适用于任何情况的规则与制度。所以，只要适合，在管理上一个人说了算也没有问题，其前提是都是"善良的农民"。而且"他善于用最粗鄙的方言去解说最庄重的事"。他的宽容也体现在他的幽默精神上，因为幽默也是真正平等地对待所有人的表现形式之一。

他真正的观点几乎就是六十岁的雨果的观点，小说中叙事者称之为"奇特而独有的判断事物的方式"：

> 妻子、孩子、仆人、弱者、穷人和无知者犯错误，是丈夫、父亲、主人、强者、富人和有学问的人造成的。

对于没有知识的人，你们应尽量教给他们知识。社会不办义务教育是有罪的；是社会制造了黑暗，它应对此负责。人的心灵充满黑暗就会犯罪。真正有罪的，并非犯罪的人，而是造成他心灵黑暗的人。

最能够让我们把米里埃主教和雨果联系起来的，可能是对待断头台的态度。断头台从来都是雨果自童年时代以来的噩梦，也影响了雨果青年时代对于大革命的态度。在《巴黎圣母院》里，对于断头台的恐惧的描述还点到为止，到了《悲惨世界》，雨果不再节制了。在第一部第一章的第四节，雨果几乎花了整整一节的篇幅，来详述断头台给人们造成的心灵上的震撼："断头台是法律的具体化，它叫'制裁'，它不是中立的，也不让人中立。谁看见它，都会浑身战栗。那是一种最神秘的战栗。一切社会问题，都围绕那把铡刀提出疑问。断头台不是一个构架。断头台不是一部机器。断头台不是由木头、铁和绳索构成的无生命的机械。它似乎是一种有生命的东西，具有一种不可思议的创造性。这个构架好像看得见，这部机器好像听得见，这个机械似乎有意识，这些木头、铁和绳索仿佛有愿望"，"断头台是刽子手的同谋；它一口把人吞进；它食人肉，它喝人血。断头台是法官和木匠造的怪物，是靠制造死亡来维持自己可怕生活的幽灵"。

雨果始终强调，看过断头台的人，无不为之震撼。于是在《九三年》里，他再次旧事重提，也花了相当的篇幅来描写断头台，"那个难看的台子"，"四根柱子就是四个脚。台子的一头笔直地立着两根高高的柱子，它们的顶端由一根横梁连接着，横梁上固定不动吊着一个三角形的东西,在蔚蓝的晨空中那东西看上去黑乎乎的","这东西那么难看,那么渺小,毫无价值,令人觉得它是人造出来的;可是它又是那样令人生畏,使他觉得它是天神送来的"。

甚至不仅是在小说里。并没有亲身经历处决路易十六的雨果在他的日记里也通过资料或者亲历者的口述还原过路易十六被处死的场景。他同样写到了断头台:

> 断头台树立在离废墟几步远、稍靠后的地方。断头台上掩盖着长木板,遮住了框架。断头台后面是一个没有栏杆的梯子。人们大胆地将这个可怕建筑的头朝向王室宝藏库。一个里面铺着皮革的圆柱形篮子被放在国王的头掉下来的地方,以便接住国王的头颅。在柱上楣构的一角、梯子右侧,有一个用来装尸体的长柳条筐,其中一个刽子手在等待国王时,把帽子放在框上。①

断头台象征着革命的暴力。雨果一生都纠结于革命暴力的合理性,在各类作品中自问自答。米里埃主教的回答是其中的一种。米里埃主教超越了所有教派的神性就在于"仁慈",因为"这才是您(上帝)最美的名字"。米里埃主教没有一味沉湎于断头台和断头台所隐喻的血腥和恐怖中,他竟然在国民公会议员 G 先生临终前,极为真诚地和他有了一番思想的交锋。G 先生是一个革命派,传闻说他"心狠手

---

① 维克多·雨果著,高稳译,维克多·雨果回忆录,华文出版社,2020 年,第 25 页。

辣",以仁慈为上帝至福的米里埃主教选择面对G先生的言论,也是为了解答内心的疑惑:如何解决革命的进步与革命的暴力之间的矛盾?G先生告诉他,他并不是投票杀人——这让我们联想到断头台的作用,而是投票赞成革命,"投票赞成博爱、和睦、黎明",投票赞成结束黑暗。如果说,米里埃主教的矛盾是因为,旧时代阵营里的人——比如他自己——并不就一定意味着邪恶、暴力、黑暗,他到最后却是同意了G先生对于革命暴力问题的阐述。G先生说:"正义要愤怒……而且正义的愤怒是一个进步的因素……法国大革命是基督降临以来,人类跨出的最有力的一步。不是完美无缺,是的;但十分崇高。它解放出一切社会的未知数。它使人的精神缓和下来;它使人平静、缓解、开明;它使文明浪潮席卷大地。它是好的。法国大革命,这是人类的加冕礼。"

从因对大革命暴力的拒绝而产生的保留态度,到对大革命的"进步"的理解,米里埃主教-雨果完成了向圣人迈进的第二步。自我完善,而且是把自己纳入人类文明进程的自我完善。但是真正成为圣人,还需要将这样的仁慈传递到他者身上,最终促进人类自我完善的实现。所以,让·瓦让适时出现了。

米里埃主教与让·瓦让之间的故事世人皆知。《悲惨世界》有多种传播形式:音乐剧、电影、电视剧、缩减本。但几乎所有有所选择的形式都不会漏掉让·瓦让偷银器的这一段。因为"神启"就是在这个细节中完成的,尽管米里埃主教自此后和小说的其他人物再无交集,尽管这位在1815年已经七十五岁的老人并没有真正介入这个故事，他却决定了小说中所有人物——也就是被雨果称之为"人民"的芸芸众生——的命运。耐人寻味的是，这个人来自于"旧世界"，是个"教士"。

新世界的大门，究竟是"仁慈"推开的，还是大革命叩开的？

让·瓦让与米里埃主教相遇之前，已经受到了种种磨难。他因为偷了块面包被捕入狱。其间数次想要逃跑，结果反而加长了刑期。出狱之后，他先是发现自己在监狱里服苦役的工钱遭到了盘剥。而因为只有黄色护照，他没有办法合法做工，社会并没有给他"改过自新"的机会。甚至因为身份，饭店不供饭，旅店不供住宿，他基本处于绝境。绝境是最可能滋生暴力的，而让·瓦让遇见米里埃主教时，也的确处在爆发的边缘，他早已经"审判了社会"，为社会定了罪，所以才会有不顾一切偷银器的行为。

银器的事情早有小说的伏笔。米里埃主教把房子捐了出去，家具也都是将就，但"他的旧物中还剩下六副银餐具和一把大汤勺，（管家）玛格鲁瓦尔太太每天都乐滋滋地看着它们在白色的厚桌布上放射夺目的闪光"，此外"还得加上两个整块铸成的大银烛台，来自他的一个姑婆的遗产"。这是米里埃主教唯一的奢华，因为他"很难放弃在银器中吃饭的习惯"。果然，这一习惯为让·瓦让的到来做好了充分准备。让·瓦让屡遭拒绝，听人提点，来到了主教家，主教果然拿出了招待客人的银餐具，饭后还给他提供了床铺。主教家唯一的奢华价值不菲，仅仅一个银勺子就相当于他十九年苦役挣来的钱的两倍，他最终还是偷走了银餐具。当宪兵队押着让·瓦让回到主教这里，主教不仅说银餐具是他送的,为让·瓦让开脱,而且还让他再带上烛台。只是,他对让·瓦让说:"别忘记,永远别忘记您答应过我,利用这笔钱成为正直的人。"最后,他又神情凝重地加了一句,"我的兄弟,您不再属于恶,而是属于善。我赎买的是您的灵魂;我消除了肮脏的思想和沉沦的意愿,把您的灵魂给了天主。"

史诗中的仁慈、正义与真理

《悲惨世界》原本有很长的"哲学序言",出版时雨果果断地放弃了,只留下很短的,至今仍然广泛传颂的这一段:

> 只要由法律和习俗造成的社会惩罚依然存在,在文明鼎盛时期人为地制造地狱,在神赋的命运之上人为地妄加噩运;只要本世纪的三大问题——男人因贫困而沉沦,女人因饥饿而堕落,儿童因无知而凋败——得不到解决;只要在有些地区,社会窒息的现象依然存在,换句话说,从更广义的角度看,只要地球上还存在着愚昧和贫困,像本书这一类作品就不会是无益的。

被浓缩在序言里的这一段一向被当作小说的题眼来看。世界在一个半世纪的发展也的确证明了《悲惨世界》的价值。因为直到今天,贫穷依然使男人沉沦,使女人堕落,使儿童凋败,虽然贫穷在世界高速发展之后已经有了新解。而从另一个角度而言,共和、法律,以及雨果所说的"文明的鼎盛",都不能保证这个世界不再存在压迫和悲惨。

而在最终没有放入小说的《哲学序言》里，作者说，"大家会读到的是一部宗教的书……"的确，熟悉雨果的人都知道，雨果并非真正意义上的信徒。他并不参加宗教活动，而且在《巴黎圣母院》里还把虚伪、混乱、伪科学、为肉欲所控制等等都加在一个主教代理的身上。和所有的浪漫主义者一样，他延续了文艺复兴时期和启蒙时代的路径，把个体的自由和以宗教名义横行了十几个世纪的束缚对立起来。但是他在《悲惨世界》里谈起了救赎。米里埃主教就用银餐具成功地"赎买"了让·瓦让的灵魂。《悲惨世界》的其他人物，他们带着各自的悲惨生活，也带着各自的卑微、错误，又得到了让·瓦让的救赎。救赎不再是个体意义的反抗行为，而是善的集体传播。是"真理、正义、仁慈"这"三柱纯洁的光芒"在闪耀。小说里，"仁慈"也总是与天主连在一起使用的，倘若不是习惯性的祈祷"仁慈的天主啊"，用在小说人物身上的，就只有小说开始的米里埃主教和之后成为"马德兰市长"的让·瓦让。

让·瓦让为了救另一个苦役犯，在法庭上自首时坦陈：

进苦役所之前，我是一个愚昧无知的贫苦农民，一个傻瓜；苦役生活改变了我。从前我愚昧无知，后来变成了一个凶恶的坏人；原来是木柴，后来变成了焦炭。再后来，宽恕和仁慈挽救了我，正如严厉的刑罚毁了我一样。

宽恕和仁慈救了他，他于是成为很多人的"仁慈"——连同真理与正义,这才是宗教的至高境界。这也是雨果对《巴黎圣母院》里"命运"一词的再造。经过三十年的成长,上帝有了新解,命运也有了新解。让·瓦让在得到米里埃主教的"神启"之后,经历过一系列的苦难、误解,升华成一个怀着活生生的爱与同情的——而不是冷冰冰的教义所说的爱——殉道者或是使徒。

于是出现了两个审判:法律的审判和上帝的审判。

就像《巴黎圣母院》对边界分明的教义提出了尖锐的质疑一样,《悲惨世界》对于现代社会里在某种程度上可以取代教义的法律也提出了同样的质疑。雨果认为在法律的审判中,正义往往缺席。尤其是他将贫穷——而不是其他的问题——当作人间的普遍罪恶来看待,法律的审判当然不能绝对保证正义的在场。

雨果在19世纪40年代开始酝酿《悲惨世界》的时候,这就是一部关于贫穷的小说。在《悲惨世界》里,贫穷(la pauvreté)出现的频率和仁慈(la charité)相仿,这两个词甚至经常一起出现。例如当写到米里埃主教的思想进程时,他就想,"教士,尤其是主教身上,仁慈的首要证明,就是贫穷。"之后的让·瓦让尽管靠玻璃制造业发了财,成为"马德兰市长",也与奢华的生活毫无关系。甚至搬出修道院之后,哪怕是取暖,也只有女儿的房间里有。作为米里埃主教的继承者,他很好地践行了"仁慈的首要证明,就是贫穷"。但拯救者的贫穷与被拯救者的贫穷毫无关系。让·瓦让在反思自己之前的行为时,曾经有过一段关于贫穷-罪恶的推理:

首先，完全是饿死的情况是很少的；其次，不管是好是坏，人这样创造出来，在精神和肉体上能够长期受苦，而且能受许多痛苦，而不至于死去，因此必须有耐心；对那些可怜的小孩子来说，这样甚至更好；对他这个不幸的、微不足道的人来说，激烈地揪住整个社会的衣领，想通过偷窃摆脱贫困，那是疯狂的行动；不管怎样，由此投身于卑劣之中以摆脱贫穷，那是一道邪恶的门……

对于个人来说，贫穷有两条出路：一是经过"饿其体肤"的种种磨难，找到正确的道路解决这个问题，甚至能够帮助他人摆脱悲惨命运；二是"投身卑劣之中"。集体来应对民众的贫穷，当然会有不同的办法。只是要看代表集体的人究竟站在怎样的立场。大革命时公开宣扬的理想，也是要让民众得到平等的权利。摆脱出身的限制，人人都有凭借劳动获得财富的可能。只是生而平等的模糊说法甚至没有超越基督教中所认定的"上帝面前人人平等"，说到底也只是对上帝的代言人的合法性提出了质疑而已。雨果经过六十年的生活，对此看得还算透彻，如果说，在基督教的法国，"上帝面前人人平等"是因为有了代言人的阶层实现不了，那么，在世俗的法国，"法律面前人人平等"也因为有了新的法律的代言人阶层而实现不了。法律的代言人阶层，雨果虽然并没有被排除在外，但有其判断，针对1830年的革命及其余波，雨果谈到了资产阶级：

是谁让革命停在半山腰呢？资产阶级。

为什么呢？因为资产阶级就是得到满足的利益。昨天胃口十足，今天有些过饱，明天便撑着了。

正是因为不相信以利益为核心的资产阶级可以真正解决贫穷的问题，雨果最终还是回到了"上帝面前人人平等"的人道的平等。只有这种人道的平等能够让悲惨世界的人最终离开卑劣的邪路，树立起对正义（la justice）和真理的信仰。

正义究竟是什么？在不同的时代，站在不同的阵营里，会有不同的人对正义做出解释。启蒙时代的卢梭就试图解释正义——这也是雨果在《悲惨世界》中所肯定的，18世纪的四支"先锋队"之一——他的正义在某种程度上也接近雨果信奉的正义，即能够维护大多数人的即为正义。小说中直接讨论正义的问题，大约分成三个场景：第一个场景是米里埃主教和G先生直接探讨什么是正义，G先生对正义的阐释冲击了米里埃主教对于正义的观念，尽管他永远也不会踏入以暴制暴的行列，但是他重新定义了与正义相关的进步和与暴力相关的革命；第二个场景则是在1832年的革命问题上，关于这一场革命是否能够被定义为正义：雨果在这里采纳了更为社会主义的观念——因此也有人认为，《悲惨世界》不仅仅是一部社会的小说，更是一部社会主义的小说——亦即区分正义的革命还是非正义的革命，只需要看革命是否为了"人民"；第三个场景则是历史中的战争，既然暴力存在正义与非正义的，那么战争也有正义与非正义的区别。欧洲围剿拿破仑发动的战争，在此时的雨果看来是非正义的；而就在雨果再次着手写作《悲惨世界》的 1860 年前后,英法联军发动的侵华战争就是非正义的。雨果此时也接受了战争的必要性,那就是在人类还没有达成美德上的一致时,战争是必要的。

关键在于,正义,往往能弥补无能的法律。雨果毫不隐讳地说:"民权的本质,就是永远保持美好和纯洁。法律行为,即使是表面上最必不可少的,即使最能为当代人所接受,如果它只是作为法律行为而存在,包含的民权太少,或者根本不包含民权,那么,随着时间推移,就必不可免变得畸形、邪恶,甚至极其可怕。要是想一下子看到法律行为会达到多么丑恶,只消隔开几个世纪,看一看马基雅维利。"马基雅维利设想的法治社会没有解决根本的贫穷问题,以此为基础的西方现代法治体系也没有解决,究其根本原因,就是其中包含的"民权"成分太少的缘故。

《悲惨世界》不露痕迹地批判了资本主义社会的局限性,批判了资本主义法治社会的软弱性,然而立足在宗教意义的人权的高处,因此并不陷入在政治小说的绝对性和简单性里。在第二部第七卷的第一章,作者阐明,"本书是部惨剧,主角是无限"(Ce livre est un drame dont le premier personnage est l'infini),而人是配角(L'homme est le second)。雨果首先区分了人之外的无限和人内在的无限。人之外的无限是不以人的意志为转移的永恒,这并不是小说家所致力理解的。《悲惨世界》探寻的是人内在的无限,即有限的身体是否能够容纳无限的智慧与精神?而如果能,它是什么样的?论到小说的真正主角,或许,这无限才当得起。无限包括理性、正义、光明、美好、纯洁、进步、文明……人身上所有能够被称为"无限"的都是"值得尊敬的"。

为了这主角,《悲惨世界》就给它配了相得益彰的、史诗的形式。对《悲惨世界》的指责——无论是来自同时代的同行或者批评家,还是来自后世——多集中于它的形式。小说分成五部,译成汉语将近 90 万字。在这 90 万字中,雨果的确什么都写到了:历史的桩桩件件,例如大革命、拿破仑——尤其是第三部第一章的滑铁卢战场——1830 年革命、1832 年起义,几乎涵盖了从 1789 年大革命到 19 世纪上半叶第二帝国之前的法国史;但不仅仅是大写的历史,雨果也充满兴味地写到那个时候的服饰,比如他写芳蒂娜初遇大学生时恋爱的穿着,"她穿一条淡紫色的巴勒吉纱罗连衣裙,脚上是金褐色的小厚底靴,鞋带结成 X 形,衬在挑花细布白袜上,平纹细布的斯宾塞式上衣是马赛的新产品,叫作无袖女式胸衣……"雨果甚至辟了专门的章节讲"切口"的问题(第四部第七卷),简直能单独成为一部"法语俗语词典",从词源讲到运用,几乎可以称得上"大全"。如果不理解小说的主角和主线,的确是很难接受这种已经超越了《巴黎圣母院》中"离题"的"杂乱无章",并且是不完全来自"掉书袋",不仅仅能够用"博学"来形容的"杂乱无章"。

用一部小说去抵巴尔扎克超过 90 部的《人间喜剧》,这应该是雨果的野心,也是造成《悲惨世界》"杂乱无章"的原因。我们或许可以在这个基础上来看这样一部气势恢宏的史诗"结构松散"的问题。"人民的"故事并不好讲,因为缺少让读者自动代入的动力。所以,就像欧仁·苏一样,需要通过不断地埋下问题,然后在之后的情节里慢慢解开,以此维持读者的注意力。雨果在 1860 年重拾这部小说时,主要做的事情就是在每一部之前埋下大大小小的"尾巴":雅韦尔第一次抓捕让·瓦让未遂,于是需要他在后四部小说的情节中都要与让·瓦让来一次或明或暗的相遇;滑铁卢战役里需要埋下泰纳迪埃扒死人钱包,让蓬梅西男爵误以为是恩人的情节,为马里尤斯越过表象重新考量善恶的情节设置伏笔;让·瓦让救了福旺大爷(Fauchelevent),所以换来了他带着小珂赛特在修道院里十多年的安宁时光;甚至还有泰纳迪埃家的两个女儿与珂赛特在不同时候迥然不同的境遇。小说里熙熙攘攘的人物来来去去,主要人物和次要人物都在情节里尽量相遇了,他们产生关系、发展关系,对于这些关系,小说在不同的地方也都通过情节给了交代,例如小加弗洛什从经典流浪儿的形象出场,一直到他在街垒战中死去;再例如战场上的蓬梅西男爵,离开战场后为了儿子前途考虑放弃了儿子的抚养权,临死之前才表达了深深的父爱等等。但也有大量的人物出场之后便没有了下文,因为他们之后的命运与这部史诗再无交会之处,如芳蒂娜卷里的四个大学生、修道院里的嬷嬷或者贵妇访客等等;再或大量的人物很迟才出场,并且出场也仅仅作为背景存在,并不需要交代他们的来龙去脉。这些人物与情节发展只在某一瞬有一点可有可无的关联,只是史诗的体量需要大量这类人物的存在,从而构筑起一个"世界"。

是史诗,自然也需要英雄。作为浪漫主义小说家,即便在《悲惨世界》这样一部并非太"浪漫"的小说里,英雄也是核心的存在。他可以出身卑微,犯过错误,默默无闻,但他依然是英雄,而且他也必然是任何意义上的主人公——无论是从篇幅、人物的层次、内心刻画的深度而言都是当之无愧的"主人公"——能够为小说的主题提供某种范式。这个范式就是：经历过人间的种种疾苦，能够理性地思考，并以一己之力抵抗个人的和社会的堕落，以一己之力尽可能多地拯救肉体与灵魂。也是在这个人的身上，哪怕包罗万象，穷尽小说在形式上与主题上的可能，亦即雨果称之为"无限"的，我们还是相信，《悲惨世界》的作者是一个不折不扣的浪漫主义者。

《凶年集》：属于巴黎、属于祖国

雨果具有这样一种蓬勃的创作力，能把政治的、历史的、社会的一切皆化作诗歌，重新绽放一次。结束流亡的雨果回到法国，人生已近暮年，虽然成了巴黎和法国的英雄，人生却并不都是如意之事。他经历了失子之痛，与巴黎诸多政治势力的纠缠等。在这样的时刻，唯有创作——或许还有正值青春的女人——才能够平息英雄暮年的焦灼。但是暮年时期的情事被记录在诗歌之外的日记里，是属于"厄洛斯"的秘密范畴，诗歌中留下的，是经过升华的高贵的灵魂。

从十二岁开始，雨果一生写下了十万多的诗行。《凶年集》与他早年的诗集相比，并不是最厚重、最出色的一部，却是坐实他作为爱国主义诗人和民族诗人的一部。和小说不同，雨果的诗集能够反映他在不同时期的关注重点，往往读来可以追寻到诗人日常生活中的点点滴滴，所有的诗集连缀起来就是雨果的一生，但同时也是雨果所经历的巴黎的历史、法国的历史、欧洲的历史。只是这历史与统治者的历史有所不同。雨果在写下《历代传说一》——他的诗歌创作还真的是以《历代传说》来结束的，一直到他生命最后的时刻——的时候就已经完成了自己的诗歌风格塑造，亦即他所定义的"小史诗"。"小史诗"和传统史诗的差别就在于，它并不歌颂武力、荣光或者专制的君主，它是"乞丐的、儿童的、穷人的、悲惨之人的"史诗，是关于历史的阴暗面的。①

因而我们能够理解仍然作为小史诗的《凶年集》，以及"凶年"的意义。凶年，既不是站在拿破仑三世的角度所看到的"凶年"，也不是站在凡尔赛政府的角度所看到的"凶年"，当然，也不是站在巴黎公社的角度所看到的凶年，而是无论谁输谁赢，对于贫苦百姓而言，战争的岁月都是"凶年"。《凶年集》记述的是19世纪六七十年代之交的巴黎、法国或者欧洲的历史。实际上，《凶年集》里的诗歌开始于雨果回到巴黎之前，身处暮年的雨果一如既往地关注穷人的悲惨现实，于是在诗歌里，他愤怒地控诉年轻女工遭受的不公平命运：

年龄？——十六岁。——籍贯？
奥班。——就是在打仗的那个地方？
——不是打仗，是杀人……——那里有矿藏。
但矿藏给了我们什么？——饥饿。

为什么不告状？——我们告过。
我们请求过，而且觉得这请求没什么过分的。
只是少一点工作，多一点工资。
但是我们得到了什么？——枪子儿。

---

① 参见 Françoise Mélonio, Bertrand Marchal et Jacques Noiray, La littérature française : dynamique & histoire II, Gallimard, 2007. p.400.

（《凶年集》第五十首，《奥班，行人》）

还有一如既往的对帝国的失望，虽然帝国也曾有过一些表面的改变，但是帝国究其本质不会有任何改变，帝国不会忏悔：

他们杀人，抢掠，撕碎已然被毁的法律；
似乎他们觉得日后谈起这一切会很有趣，
只要成为胜利者和主人，就可以打发走
历史、屠杀、死亡和黑夜。
在欢庆与节日中我们再也不想知道，
我们经历过怎样的黑暗才到达顶峰……

（《凶年集》，第二十首，《忏悔？他！为什么？他做过什么……》）

1870年9月5日，雨果正式结束流亡，回到巴黎。这一年，他六十八岁。第三共和国已经宣告成立——雨果的回归是作为一个共和拥护者对共和国许下的诺言——个人与国家的动荡却还远远没有结束。令此前的雨果深感失望的拿破仑三世以及他的第二帝国垮台了，只是促使专制君主垮台的，是普法战争的失败。共和的问题看似已经尘埃落定，但就没有第二个小拿破仑出现了吗？在两个国家的战争中失利与前途未卜的共和都让雨果忧心忡忡。贫穷、战争、屠杀和死亡并不会随着第二帝国的结束而结束。他的预感没有错，1870年，他结束流亡回归的这一年并不意味着和平和美好，而是前所未有的"凶年"。

普法战争虽然以法兰西第二帝国的失败而告结束,可内战仍然在继续。固然巴黎公社与凡尔赛政府之间的对立早已卷入了其他的复杂因素,但是手足相残无论如何都让雨果难以平静。在这样的战争中,已近暮年的雨果的选择都不是出于政治的立场。雨果既不赞成巴黎公社的过火行为,同样鞭笞凡尔赛政府对于巴黎公社的残酷镇压。他为巴黎公社女战士,有"红色圣女"之称的路易·米歇尔写下《她比男人还伟大》的诗篇,但更希望借助"呐喊"来结束同胞之间的屠杀:

> 唉!战士们!战士们!你们是怎么考虑?
> 被你们杀死的,是理智、希望和荣誉!
> 你们如同一场吞噬麦田的大火!
> 怎么?这边是法国,而那边也是法国!
> 住手!你们的胜利只能够带来苦难。
> 每一次法国人向法国人发射炮弹,
> ——因为谋杀罪都会有一个水落石出——
> 向前面撒下死亡,在后面留下耻辱……①

好在诗歌一直可以是绝对情感的利器。因为在不大的空间里无须明确交代事情和立场的来龙去脉。在《凶年集》里,他把法兰西的失

---

① 安德烈·莫洛亚著,程曾厚、程干泽译,雨果传:奥林匹欧或雨果的一生,浙江大学出版社,2014年,532—533页。

败归咎于帝国的失败，留下的，是对法国和巴黎的绝对的爱：

> 巴黎城啊！你将会使历史跪下双膝。
> 流血是你的美丽，死去是你的胜利
> ……
> 巴黎，你得到的比失去的东西更多，
> 你将会赢得光荣和全世界的尊敬。①

在他的札记和日记里，他的确表明了他对巴黎无条件的爱，1870年9月13日，他这样写道：

> 巴黎军队在检阅，我独自待在房间。检阅部队穿过大街小巷，一路唱着《马赛曲》和《出征曲》。我听到人们高喊：
> 法兰西人必须为祖国而活，
> 法兰西人必须为祖国而牺牲。（《出征曲》）
>
> 听到这样的高喊，我不由落泪。勇敢的人们！你们去哪里，我就去哪里。②

---

① 《巴黎被围》，选自《凶年集》，程曾厚译，《雨果诗选》，人民文学出版社，2020年，第275页。
② 《致维克多·雨果号大炮》，选自《凶年集》，程曾厚译，《雨果诗选》，人民文学出版社，2020年，第279页。

回到巴黎的雨果面对的是巴黎城被围的艰难处境。普鲁士帝国和巴黎人民一起终结了第二帝国，但是比起第二帝国对革命的背叛，一心想要吞并法兰西领土的普鲁士帝国才更像是巴黎，乃至整个法国的敌人。巴黎公社革命爆发的诸多原因中就有法国在普法战争中的失利。而在第二帝国倒台之后，普鲁士插手法国的未来，于是巴黎公社更加成为欧洲两个最大的经济体之间的争夺焦点。革命形势原本复杂，但是对于身处政治势力之外的大多数人来说，巴黎公社激发的更是爱国的热情，这才真正赢得了雨果对于革命的同情。雨果也是在这样的时刻燃起了前所未有的对巴黎和法国的爱。《凶年集》不再需要隐喻和修辞，在法国、巴黎的问题上，它需要的是更富战斗性、更加直接的语言：

> 既然我多次痛失亲人，真不堪回首，
> 爱情是我的《福音》，团结是我的《圣经》，
> 怪物，你可要凶恶，以我的名字命名！
> 因为，面对着罪恶，爱情就变成仇恨，
> 有灵性的人不能忍受有兽性的人；
> 因为，法兰西不能忍受野蛮的战火；
> 因为，崇高的理想就是伟大的祖国；
> ……
> 要把巴黎，被巴黎改变模样的欧洲，
> 把各国人民，一一保护，要严加防守；

因为,如果不能去惩罚条顿国王,

那么人间的进步、怜悯、博爱和希望,

会一一逃离地球,而使人非常痛苦……①

雨果的矛盾情感,产生在对祖国深沉的爱与对人类无限的理解和同情之间,也产生在高高在上的道德与因为各自的政治立场所提出的绝对要求之间。在回到祖国之前,他曾在根西岛上写过一个短诗剧《宝剑》,借助剧中斯拉吉斯特芮之口,他说:

善良应当燃烧。儿子,任何道德

必须发出一道火焰,而这道火焰

在下头就是生命,在高头就是灵魂。②

越是接近暮年,雨果越是执着于"燃烧"和"发出一道火焰"的道德。这是他历经半个多世纪的写作后为自己打造的特有标签,也足以阐明和解释一个浪漫主义者在 19 世纪动荡中的种种矛盾行为和绝对理想与情感之间的矛盾——对于已经在文学世界成为一个领袖人物的英雄而言,包括风格在内的标签在某种程度上是不可或缺的。但能

---

① 《致维克多·雨果号大炮》,选自《凶年集》,程曾厚译,《雨果诗选》,人民文学出版社,第 281 页。
② 《宝剑》,雨果著,李健吾译,《李健吾译文集》第十二卷,上海译文出版社,第 84 页。

够在历史上留下印记，仅仅是直抒胸臆的诗歌可能不够。于是接下来，他需要一部背景更加复杂、冲突更加鲜明、空间更加开阔，因而观点也能够得到更加清晰、更加充分的呈现的作品。这部作品一方面应该打上个人的标签，是雨果的，只能是雨果的；另外一方面，却又能抽象出一种关于人的普遍道德。"凶年"过去之后，这部作品很快来临了，那就是《九三年》。

《九三年》：小说的收官之作

虚构人物：从《悲惨世界》《凶年集》到《九三年》

《九三年》是雨果的最后一部小说作品。

毫无疑问，从很早开始，九三年这个年份——亦即1793年——一直萦绕在雨果的心头，挥之不去。《悲惨世界》里，这个年份就已经开了头，米里埃主教和国民公会议员的对话中，当国民公会的G议员谈到"法国这场革命，是基督诞生以来人类向前迈进的最有力的一步"时，米里埃主教就不那么有底气地问过一声，"九三年？"而G议员义正词严地说：

"九三年！我一直等着您说呢。一千五百年中积起了一片乌云。过了十五个世纪，才云开雾散。您却谴责那声惊雷。"①

尽管"有一点保留意见"，米里埃主教却让G议员充分阐述了革命暴力的合理性与合法性，其中非常重要的，可以完美反驳关于断头台的残酷的，就是这样一句总结性的话：

进步的暴行叫作革命。暴行结束后，人们会承认，人类受到了粗暴的对待，可是却前进了。

临终之前，G议员这样总结自己的一生：

---

① 本书引用的《九三年》译文均出自罗国林译的《九三年》，译林出版社，2014年版。

六十岁时，祖国向我发出召唤，命令我参与国家事务。我服从了。有陋习，我斗争过；有暴政，我摧毁过；有权利和原则，我宣布和承认过。国土遭受侵犯时，我保卫过；法兰西遭到威胁时，我挺身而出过。我过去不富，现在很穷。我曾是国家的主宰之一，国库里堆满了货币，墙被金子和银子挤得快要倒塌，只好用支柱来撑住，可我却在枯树街上吃饭，每餐二十二苏。我帮助受压迫的人，安慰受苦的人。我撕毁过祭坛上的桌布，这是事实，但那是为了替祖国包扎伤口。我从来都支持人类向光明前进，有时我也无情地抵制过进步。必要时，我也保护过我的对手……

六十岁时参与国家事务，如果我们理解为国民公会成立时，这位G议员在六十岁左右，我们就很容易将这位G议员与《九三年》里的朗德纳克侯爵或是西穆尔登关联起来，尽管G议员的政治立场与朗德纳克侯爵迥然不同。只是G议员在恢宏的《悲惨世界》里并没有占据太重要的位置，他只是从侧面，通过自己临终前的一番思考来丰富米里埃主教的人物形象。而在后来的《九三年》里，从这个人物发展成为一个有行动，有立场，但更有信仰的立体的"英雄"和主人公，这中间的跨度并不小。

如果说，在19世纪，小说并非某个固定的文类，也不像诗歌或者戏剧那样，有不变的或者正在发生变化的规则，小说与诗歌、戏剧的区别却是明显的，那就是它终于能够站在一个第三方叙事者的角度，自由地出入人物的内心。因此，和雨果的"小史诗"（或"反史诗"）

的逻辑相同的是,《九三年》也需要重新定义浪漫主义的"英雄":他可能贫穷,可能并不耀眼,可能并不是高大全的形象,甚至可能有另一个阴暗的自我,但是,他一定是在历史(或者故事)的转折关头,能够展现出与众不同,足以引领未来人类的某种不同于忠诚、高贵、荣誉的伦理。

《九三年》遵循的当然也是同样的小说伦理,虽然它的人物要比《巴黎圣母院》甚至是《悲惨世界》更加复杂一点。复杂不在于小说人物的多寡,而在于人物命运之间的纠缠以及历史人物进入虚构的方式。小说的主要人物,朗德纳克侯爵与郭文来自同一家族,是叔祖和侄孙的关系,却在旺代叛乱——一场被共和制度的拥护者定义为反革命的叛乱——中各自坚持截然对立的立场,处在雨果所谓"真理的两极"。朗德纳克侯爵当然认为真理高于一切,而这一切,包括亲情、仁善,因为"撕毁祭坛上的桌布",是"为了替祖国包扎伤口"。

因而朗德纳克侯爵身负使命出场的时候,雨果是这样来确立他的人设的:

此人是一位个子高大的老头儿,结实的身躯挺得笔直,神情严肃,很难说有多大年龄,看上去既年老又年轻,是一个年事已高但精力充沛的人,银发覆盖前额,却仍目光炯炯,有着不惑之年者的精力和八十老翁的威仪。

朗德纳克侯爵乘坐"克莱摩尔"号前往旺代的时候,作者也通过一个意外事件，进一步在行动中刻画朗德纳克侯爵的坚定、果断和理性。他正是凭借这些特质成为一方领袖的。巡洋舰上的一门大炮滑脱了绳索，在甲板上肆意冲撞，临危时刻，朗德纳克侯爵救了炮手，并且帮助炮手制服了大炮。然而，就在炮手因为制服大炮而洋洋得意地享受胜利的欢呼时，朗德纳克侯爵却出乎所有人意料地告诉舰长，应当把炮手拉出去毙了。因为"与敌人对阵的时候，犯了任何过失都应该处死"，虽然"勇敢无畏应该受到奖赏，粗心大意应该受到惩罚"。

但这个事件还没有完。巡洋舰遭遇风浪，无法躲避，为了保住朗德纳克侯爵这位"代表王上"的"法兰西君主政权不可缺少的人物"，舰长派一位水手划舢板将侯爵送上岸。水手灵巧地带着侯爵躲避开了敌人的炮弹后，却告诉侯爵："我就是你处决的那个炮手的弟弟。"

朗德纳克侯爵没有慌张，他通过他的逻辑说服了水手，告诉他，如果不是因为他哥哥的玩忽职守，"巡洋舰就不会遭到破坏，就不会偏离航线，就不会落进那支该死的舰队的包围圈"，一船勇敢的战士和水手"就已经全部在法国登了陆"，与敌人进行真正的战斗了。他还告诉水手说，"即使是我儿子，我也要像枪毙你哥哥一样枪毙他。"最终，没有出乎读者意料的是，水手被说服了。在仿佛无可辩驳的真理面前，水手阿尔马洛最终喊道："你说起话来像仁慈的上帝一样。我错了，我哥哥也错了。我愿意竭尽所能为他赎罪。"

非常有趣的地方在于，《九三年》还为朗德纳克侯爵设置了一个对称性的人物，西穆尔登。朗德纳克是贵族，在九三年的旺代战争中，他却和旺代的农民一起并肩作战。西穆尔登出身平民，做了教士，是革命者，"他一直遵守着教士三愿，但未能保持信仰。是科学瓦解了他的信仰，使宗教教条从他身上灰飞烟灭。他自我反省……他失去了建立家庭的机会，就以祖国为家；没有人嫁给他，他便与人类缔结海誓山盟。"他义无反顾地投入革命，痴迷于革命的暴力。总而言之，他是一个除了人类大爱，几乎没有具体之爱的人。唯一的缺口就是他在年轻时候作为家庭教师服务于某王室成员，无条件地爱着一个贵族身份的孤儿。那个孤儿就是后来成长为共和军队将军的郭文，朗德纳克侯爵的侄孙。

西穆尔登与郭文之间的故事充满戏剧性，也是将小说最终推向高潮的主线。雨果为西穆尔登所设置的人设比朗德纳克侯爵更加复杂，与《悲惨世界》里的G议员更加相似。他"是个双重的人，既是一个温和的人，也是一个阴郁的人"。但是，作为西穆尔登的理想，完美的人应该是"冷酷无情的人"，如此才能"踏碎黑暗，身披光明的铠甲"，"张开理想的，即正义、理性和进步的巨大翅膀"。在他与郭文在旺代的战场上重逢，碰巧——小说的"碰巧"——第二次救了郭文之后，他努力想要将为了人类的进步"绝不宽恕"的信念教授给他的学生。只是他最后在郭文的身上遭遇到了失败，因为他早就知道，郭文"显然是一个宽大为怀的人"。

小说中，西穆尔登与郭文有大段的对话，郭文仿佛道出了年轻的雨果曾经的困惑，他认为"'宽恕'是人类语言中最美好的字眼"，而西穆尔登只有一再地警告他说，"怜悯可能成为背叛的一种方式"。非常不幸的是，西穆尔登并没有说服郭文，而小说的高潮，的确是在妥协与坚持之间到来的：朗德纳克侯爵在处死炮手时的坚持，面对母亲和孩子时的妥协，郭文对"宽恕"理念的坚持，以及西穆尔登在听说郭文放走朗德纳克侯爵之后要处死郭文的坚持。尽管政见完全相反，西穆尔登秉持的道德逻辑，事实上与朗德纳克侯爵处死炮手时的逻辑如出一辙。

因为这是一个无解的问题，所以双方都输给了自己的坚持。小说的结尾很像是对于一个浪漫主义灵魂的总结。在铡刀落下的时刻，西穆尔登也结束了自己的生命，雨果以其一生对人性的认识写道：

这两个灵魂，如同一对悲惨的姐妹，一块飞升了，一个灵魂的暗影和另一个灵魂的光华重合在一起。

其实，从G议员，到雅韦尔，到让·瓦让，再到朗德纳克侯爵和西穆尔登，雨果小说里的虚构人物一直在尝试着将"灵魂的暗影"和"灵魂的光华"重合在一起，重合是一种完成，是人性的至高理想，也是文学的真理。

历史小说与历史人物

如果说，浪漫主义的标签在定义文学的时候过于宏大，因而也不免抽象，在法国的19世纪文学史中，小说家雨果的一个更为具象的标签——相对于诗人和剧作家雨果而言——却是历史小说家。《九三年》作为雨果的最后一部小说，在某种程度上也加深了读者心中的历史小说家雨果的印象。

毫无疑问，真实在19世纪的小说中占有核心位置，因而19世纪法国小说家都有历史题材的小说写作也就不足为奇：例如巴尔扎克的《舒安党人》，维尼的《散-马尔斯》等等；擅长通俗小说的大仲马也多从真实的历史中取材。路易十三、路易十四的宫廷，大革命前后以及大革命进程中的风云诡谲，这些历史素材都是小说家的心头好，也突出了西方小说传统中的传奇性质。对真实的偏好，从另一个角度对历史加以记录，这一切都推动了小说在19世纪兴起为文学的主流样式。

但是，什么是历史小说呢？小说中的历史与历史小说又是怎样的关系呢？对此，不同的小说家有不同的回答。巴尔扎克要做历史的记录员是一种回答，大仲马将历史作为其小说传奇人物的背景是一种选择，雨果崇尚的更是在真实的背景中以虚构人物为核心的想象，而小说的真实性在雨果看来，就是小说也应该像"真实生活中的事件"一般徐徐展开。

《九三年》的确实现了雨果对于历史小说的理想，更何况一生的时间里，大革命之后的1793年始终萦绕在雨果的心头。革命激进派的掌权与分裂，国内外反革命势力的反扑，这一切让1793年带上了恐怖、迷狂和混乱的气息。这一年，革命的暴力到达顶点，路易十六和他的皇后玛丽·安托瓦内特都被送上了断头台。贯穿《九三年》始终的其实就是革命的暴力问题：是不是革命被证实为是进步的，随着革命而来的暴力就也是合理的？革命的进步性与暴力的合理性，历史学家关注的是前者,小说家则关心的是后者。

雨果选择的是通过1793年的旺代战争来理清楚这一问题。历史学家站在一个世纪、两个世纪后,已经可以将"旺代战争"当作"旺代叛乱"来处理,但是沉浸在事件发生之时的叙事者可以暂时回避历史的判断,而将事件交给读者。战争的双方:巴黎的革命政府与法国西部的保王党势力都秉持"决不宽大,决不饶恕"的理念。

进入小说的读者对战争双方究竟谁为正义一方其实是不了解的。朗德纳克侯爵登陆,遭到共和军的追捕,幸而流浪汉泰尔马克收留了他。他们之间的对话颇为耐人寻味:

"你到底是哪一边的?"他(侯爵)问道,"是共和派还是保王派?"

"我是个穷人。"

"既不是保王派,也不是共和派?"

"我想都不是。"

"你拥戴还是反对王上?"

"我顾不上这些事。"

"对眼下发生的事你怎么看法?"

"我吃不饱肚子。"

"可是你却来搭救我。"

泰尔马克明知朗德纳克侯爵正遭共和军追捕,还冒险救他,既不是出于对局势的判断,也不是出于对于革命正义与否的判断,而是因为他粗通文字却不解其意,因此将共和军贴出的布告里的"通缉"这一表达理解为"法律之外",便将同样"不受法律保护"的自己和侯爵归为一类。但是,被他救了性命的朗德纳克侯爵却指挥手下把"蓝军"(即共和军)的红帽子营俘虏全部枪毙了,包括小说开始时就率先出场并将小说冲突带向高潮的母亲。母亲幸存下来,三个孩子被朗德纳克侯爵带走。母亲被泰尔马克救了性命之后,泰尔马克听说一切竟然是朗德纳克侯爵所为,他咬牙切齿地说了一句:"要是我早知道会这样!"

大写的历史的波澜壮阔与身处其中的百姓有什么关系呢?雨果的认识是:如果有关系,那就是,对于百姓来说,战争中无所谓正义,而且,无论是正义的一方还是非正义的一方占了上风,穷苦人始终是遭到战争碾压的牺牲者。

但是《九三年》里也有正面描写的大写历史在。雨果这样给出了1793年在历史上的定位:

> 1793年就是欧洲反对法国的战争,是法国反对巴黎的战争。何谓革命?革命就是法国打败欧洲,就是巴黎打败法国。正因为如此,1793年作为一个恐怖的时刻是很了不起的,比本世纪所有其他年份都伟大。

然后,他接着写:

欧洲攻打法国，法国攻打巴黎，真正可悲透顶，而这场悲剧堪称史诗。

从1793年到1873年，已经过去了八十年的时间。在小说中写下这句话的雨果一定是想，八十年之后，历史又重演了。拿破仑三世、普法战争、巴黎公社以及普法战争与第二帝国结束之后的欧洲形势，难道不是八十年前的一切又重新来过了吗？欧洲攻打法国，法国攻打巴黎。巴黎公社与宪政政府之间的斗争看似内战，然而不容巴黎的，事实上是以普鲁士帝国为代表的欧洲。

这还不是简单的革命道路的问题。关键在于，巴黎公社也有暴力的一面，这是雨果并不赞同的。结束流亡的雨果回到巴黎，他早已意识到形势的复杂性，更何况临时政府也好，巴黎公社也好，都有他交往的朋友。他没有办法在两者之间做出选择，但是他讨厌极端者。我们因此理解为什么他在小说中尤其提到西穆尔登所在的"主教会"。在雨果看来，在所有革命的关头，总是有超乎真正的信仰和主义之上的另一种神秘力量，这种力量"诞生于公众对暴力的渴求"。有的时候，这种神秘的力量甚至会凌驾于真正的信仰之上，让身处其中的革命者失去控制。只是大写的历史总是会滤去革命者失控的一面，而留下经过认证的，作为目标的真理。

或许是为了探索这个问题，《九三年》的历史要比《巴黎圣母院》或是《悲惨世界》的历史走得更远，作为历史小说家的雨果显然也更加大胆。《九三年》的第二部分几乎都在三个真实的历史人物之间展开：罗伯斯庇尔、丹东和马拉。和路易十一作为小说人物进入《巴黎圣母院》不同，三个人之间的戏剧冲突已经构成了小说的独立情节，在展现大革命各种势力纠缠的同时，也将革命者当作虚构人物来对待，一方面让他们如同在"真实生活"里一般呼吸、对话、思考，推进历史；另一方面也让他们作为过渡，过渡到真正的虚构人物展开的情节里。

雨果是很擅长"戏说历史"的，这一点我们在《悲惨世界》中对于滑铁卢一役的描述已经能够窥见大概。重大的历史事件成了他引出小说人物的宏阔背景，但是，他对于历史场面真正的看重，更是因其中所可能包含的复杂人性。《九三年》相对来说就更是一个好的机遇。在《九三年》里，虚构人物西穆尔登场之前，他先安排了一个大革命三巨头针锋相对的场面。熟悉法国大革命史的人都知道，某个时期，罗伯斯庇尔、丹东、马拉都算是国民公会里的激进派。但历史又远远不是一个激进派能够概括的：罗伯斯庇尔掌握当时的国民公会，1793年5月，他所掌控的国民公会其实逮捕过马拉，只是7月马拉遭到吉伦特派的刺杀，罗伯斯庇尔与马拉之间可能的冲突就此没有扩大；在1794年4月5日，罗伯斯庇尔又因为丹东倒向了宽容派而以"颠覆共和国罪"的名义将之处死。雨果将第二部分第二章的历史时间设定在1793年6月28日，罗伯斯庇尔掌权，马拉尚未遭到刺杀，丹东也还在"山岳派"也就是雅各宾派的阵营里。但是，雨果真正看重这段历史的，就在于哪怕是同属"山岳派"，也是四分五裂的复杂形势。更不要说还有斐扬派、吉伦特党人、保王党等等。雨果当然没有将真正复杂的历史写进小说里——历史的真相本来也无法还原——只是借助旺代战争这个事件形象地刻画了革命派"三巨头"之间的"联合"与"分裂"。简单说来，就是罗伯斯庇尔更倾心于内战；丹东则趋向于相信，更大的威胁来自普鲁士；马拉则是一个唯恐天下不乱的革命暴力的支持者。对于革命派的三巨头，雨果无一例外地在外貌上都没有把他们当作英雄来描写：罗伯斯庇尔"面色苍白，年轻，庄重，嘴唇薄薄的，目光冷冷的，面部肌肉神经性地抽动，微笑起来很不自然，头上扑了粉，手上戴了手套，衣服刷得干干净净，纽扣扣得整整齐齐，浅蓝色的礼服一点褶皱都没有，米黄色的短裤，洁白的长筒袜，高级的领带，带褶的襟饰，有银扣的皮鞋"；丹东像个"巨人"，"衣冠不整，穿一件肥大的深红色呢礼服，领带没结好，垂得比胸饰还低，脖子完全露在外面，上衣敞开，纽扣脱落，足蹬翻皮长筒靴，头发硬撅撅的，虽然看得出经过梳理和抹头油的痕迹，他的假发套里夹有马鬃，脸上有麻子"，不过"生气时双眉间就出现一条皱纹，嘴角也有一条皱纹，说明他心地善良"；马拉则是个小个子，是个"侏儒"，"皮肤黄黄的，坐在那里像个畸形人，向后仰着头，眼睛充血，脸色青灰，油污平直的头发上包了一块手帕，连前额也遮住了，只露出一张大得吓人的嘴"，关键是，他"外面套一件粗呢外套，褶皱里现出一条直线，显得硬邦邦的，大概是藏了把匕首"。

工于心计的罗伯斯庇尔、相对温和的丹东和冷酷粗暴的马拉既是雨果对历史人物相对主观的评价，也是小说与历史之间并不违和的转换。三个人先是如同戏剧表演一般地发表了一通属于个人的，关于革命、关于处死路易十六、关于究竟谁是共和国最大的威胁的演讲——和那个时代的小说家一样,雨果非常擅长从资料中汲取小说的营养,并且根据历史资料来勾勒进入小说的历史人物的面貌,但这并不妨碍作者恣意的想象——然后开始讨论既符合历史,但又属于虚构的小说情节设置的问题:英国支持的保王党领袖朗德纳克侯爵已经登陆,革命成果危在旦夕,派谁去对付"残暴的""老奸巨猾的"朗德纳克呢?于是,小说人物西穆尔登便上场了,他可以完全顺着作者的想象完成推动小说情节的行动。

《九三年》里不仅有大写的历史,也有个人的历史。雨果对九三年的执念,小说最后落在九三年的旺代战争,与雨果个人的历史也不无关联。雨果在青年时代就陆续失去了母亲和父亲。虽然父母亲在世时并不和睦,让童年时代的雨果受到了伤害,但是雨果对母亲和父亲却都怀有深厚的感情。在生命的暮年,《九三年》在某种程度上也是雨果对父母的交代。厘清父母卷入的那段历史,也未尝不是雨果写作《九三年》的另一个目的。

父亲雷奥波德·雨果也参与了旺代战争,被共和军派去平定他们所认为的"旺代叛乱"。那个时候他只有 20 岁,还是一个下等军官,为营长朋友做助理。从口口相传的历史来看,旺代战争的双方的确都本着"决不宽恕"的精神,枪毙俘虏,焚烧房屋,将敌方的占领区夷为平地。不过有趣的是,雨果的父亲和母亲却是在这场旺代战争中相识相爱的。母亲出生于布列塔尼地区的资产阶级家庭,所受影响十分复杂,在共和国的蓝军和保王党的白军中都有朋友,从个人的倾向来说,更加趋于姑妈赞同的保王党。父亲虽然是去平定保王党叛乱的,却"并非心毒手狠之人",甚至在途经索菲家庄园时,受到了姑娘的热情接待。政见不同,在开始时并没有影响这对年轻男女的交往,因此也才会有后来的婚姻和天才雨果的诞生。至于此后长期分离以及价值观的分歧导致的不睦,那就是后话了。

父母从相爱到结合其实倒是那个时代的写照:共和党和保王党的信仰并不影响男女结合,就像小说里的丹东得知郭文是个贵族后说:"贵族又怎么样?贵族和教士一样,只要善良就好。"我们可以在郭文身上看到雨果父亲的身影,因为雨果把郭文塑造成一个"打仗的时候"的"硬汉子",只是"仗一打完心肠就软了。一味地宽恕饶恕,大发慈悲,保护修女嬷嬷,营救贵族的妻室和小姐,放走俘虏,恢复教士的自由"。当一生行将结束,雨果终于以想象中的理想父亲形象拥抱了父亲,他应该是遗憾父亲逝去太早,他还来不及享受太多和父亲和解之后其乐融融,彼此为对方而骄傲的日子。相反,童年带给他伤害的父母不睦却只是父母的个性和误会所致。在将父亲的过去融入历史的书写时,他也许弥补了这份遗憾吧。

作为最高法则的"善"

《九三年》是经典的 19 世纪小说的样式:结构精致,高潮迭起,人物——无论是真实的历史人物还是虚构人物——形象鲜明,节奏明快,19 世纪小说的主要元素,即人物、情节、主题和语言在《九三年》里都得到了比较完美的呈现。相较于《悲惨世界》的宏阔以及与之相伴而生的分散主题与节奏拖沓，相较于《巴黎圣母院》过于澎湃的激情和反差过大的黑白对比，《九三年》终于迎来了小说家的成熟与节制，一切围绕着小说的中心主题展开，并在最高潮戛然而止。虽然有离题的第二部分，作者也没有走得太远，所占篇幅是在过渡的篇幅的合理范围内。另外，虽说历史人物之间虚构的对话对读者的大革命知识来说略微有些考验，但也很快便回到旺代战争和虚构人物上来。

小说分成三个部分，而最后的第三部分是小说的主要情节所在，占的篇幅也最大，相当于前两部分的总和。第一部分围绕着朗德纳克侯爵登陆，场景在登陆前的旺代战场，登陆过程中的巡洋舰战事和登陆后的旺代战场间切换，作为小说主线的母亲和三个孩子也一并出场，预示着小说的主要人物的命运都会与一母三子发生关联。也正是这三个纯洁无辜的孩子，对战争的双方都发起了灵魂的考问。用小说中的话来说，就是战争的双方到了最后，却不无惊愕地发现，原来"战斗的战场是良心"。

因此三个部分里，除了作为过渡的第二部分之外，都有围绕"良心"这个战场的铺垫与描绘。良心的考验放在小说的情节里，就是孤儿寡母。孤儿寡母作为冲突、自省、抉择的内容，其目的就在于在信仰与人性之间一分高下。雨果的倾向性也是在数次的冲突中有所显现的。

小说开篇，共和军"红帽子营"的尖兵队在索德莱林子里搜索，碰上了母亲弗雷夏带着三个孩子，对于来历不明的一母三子，"红帽子营"的女酒保和年轻士兵表露出来的都是对弱者的同情："一个寡妇，三个孤儿，逃难，无依无靠，孤苦无助，战争在四面八方打得不可开交,饥渴难忍,只能以野草充饥,以天空当屋顶",于是他们收留了母子四人,中士还冲着母亲喊了一声"女公民"——尽管没有文化的母亲可能压根儿不理解"女公民"的含义。

母子四人第二次在小说中出现,是一闪而过的侧面。朗德纳克侯爵登陆后,旺代方面的保王党势力与当地农民一起过来投奔,七千人遇到了带着母亲孩子的"红帽子营",于是发生了以下的对话:

"那些伤兵怎样处理?"(Que faut-il faire des blessés?)——"结果他们。"(Achevez-les.)

"俘虏怎样处理?"(Que faut-il faire des prisonniers?)——"毙了。"(Fusillez-les.)

"有八十来个。"(Il y en a environ quatre-vingts.)——"统统毙了。"(Fusillez-les tous.)

"还有两个女的。"(Il y a deux femmes.)——"也毙了。"(Aussi.)

"还有三个小孩子。"(Il y a trois enfants.)——"把他们带来,看看该怎样处置他们。"(Emmenez-les. On verra ce qu'on en fera.)

在侯爵和加瓦尔的简单对话中,读者可以清楚地得知小说开头的母子四人、女酒保和士兵都在侯爵简单的"处理"命令里。小说原文里这段对话非常干脆,无论数量多寡,是男是女,侯爵的命令是无一例外地"毙了"、"结果了",符合侯爵"残暴"的人设,符合"决不宽恕"的原则,也符合侯爵果断、不拖泥带水的性格。唯有三个孩子逃过了这一劫（侯爵命令属下把孩子带来），为情节的发展留下了缺口，因为三个孩子后来还要被更加残暴的羿马蜚当作人质。当然，母亲也没有死，她被曾经救过朗德纳克侯爵的泰尔马克又救了回来。最后，被侯爵下令带走和处死的三个孩子又逆转了侯爵的命运和选择——这是雨果的小说安排。

小说第三部分回到旺代之后，战役的局势扭转。三个孩子随着朗德纳克侯爵退守到了郭文堡。三个孩子再次出场，他们已经成了朗德纳克侯爵手下的羿马蜚与郭文谈判的条件：

"我们手里有三个俘虏，他们是三个孩子。这三个孩子是你们之中一个营收养的，是你们的人。我们愿意把这三个孩子还给你们。只有一个条件，就是让我们自由地出去。"

雨果的浪漫主义技术在这里得到了充分的运用：在残酷的战争中，雨果几乎花了一章的篇幅来描写三个可爱的、无辜的——最关键的是无辜——孩子丝毫没有感受到战争的威胁，也不知道自己是这场你死我活的战役中的人质，他们在城堡里随遇而安地自己玩，自己吃。叙事者在这时充满爱怜地描绘道：

几个孩子亲切地挤在一起，一动不动，半裸着身体，姿势颇像小爱神。他们可爱、纯洁，三个人加起来还不到九岁；他们梦见自己正在天堂里，这梦反映在他们的嘴唇上，形成隐约的微笑，也许上帝正在对他们耳语呢，他们是人类的所有语言都称为弱者和受祝福的人，是值得爱恋的天真无邪的人。……整个大自然无比尊重这三个微不足道的孩子,崇高的境界莫过于此。

叙事者和作者雨果合二为一,此后就迎来了小说的高潮。战争的双方是在良心的战场上相继接受考验:朗德纳克侯爵原本已经在羿马蜂的安排下得以逃脱,但是他身上装着关押孩子的堡垒的铁门钥匙,在最后的关头,他听到母亲撕心裂肺的呼喊,为了救出三个孩子,他返回来,被西穆尔登和郭文抓住了。郭文和朗德纳克侯爵原本是叔祖和侄孙的关系,所谓战场无父子,郭文并没有因为朗德纳克侯爵是他的叔祖就对他网开一面,但是面对因为孩子落入他手的敌人,他却动摇了,私自放走了他。两个人都通过了良心战场的考验,也都在真正的战场上功亏一篑。只是,既然"崇高的境界莫过于此",他们别无选择。

和《巴黎圣母院》或是《悲惨世界》略有区别的是,在《九三年》里,雨果态度明确地宣告了作为最高法则存在的善。郭文是"善"的代表,尽管他也会为自己的信仰奋战,但是信仰在郭文这里一向抵不过对弱者的同情。西穆尔登显然早就对他的这个学生有所估计,也因此多加防范和说教,但最终赢得这场良心战场的战役的,还是郭文。而叔祖作为他的对手,最终也还是输给了他,尤其是在"天堂的斗争",即"善对恶的斗争"中。郭文,或者说雨果的信条是,如果在"尘世的斗争"中,大家为各自的信仰和理想而战,倾尽全力,各有输赢,那么,最终衡量斗争的输赢的,决定斗争的输赢的,还是"天堂的斗争"。被裹挟进时代的洪流,身处复杂的形势之中,或许在当下并不能判定历史正确的方向,因而也不能判定真理的方向,但是,善恶的选择是在任何时刻都如同有神启一般。即便不再信仰上帝,雨果也向读者宣布了"天堂斗争"的法则。看到朗德纳克侯爵返身去救三个孩子,郭文想:

在白热化的社会战争中,在各种敌意和复仇引起的激烈冲突中,在动乱达到了最黑暗、最狂热的时刻,在罪恶点燃了熊熊烈火,仇恨布下了重重黑暗的时刻,在斗争使一切都变成了射向对方炮弹的时刻,在混战如此令人沮丧,连正义、公正和真理在哪里都搞不清楚的时刻,未知之神,即心灵神秘的警告者,使那伟大而永恒的光芒,在人类的光明和黑暗之上大放异彩。

也许也是人生暮年的缘故,雨果这一次没有再刻意设计英雄——主人公的身份。郭文不是穷人,而是出身贵族,他接受了革命的思想,也义无反顾地为革命战斗。相反,跟着保王党势力战斗的,却大多是旺代地区的农民,用共和军士兵的话来说,这些"不开化的人","岳父被地主打断了腿,祖父被本堂神父送去做苦工,父亲被国王活活吊死,他妈的龟孙子还要去打仗,还要叛乱,还要去为地主、本堂神父和国王卖命!"

郭文与西穆尔登或者大多数主张暴力的大革命的拥趸不同,因为相信至高法则是"善",所以,他希求的革命结果是善的结果,是《悲惨世界》序言的正面版:即不再有让男人沉沦的贫穷,让女人堕落的饥饿，让儿童凋败的黑暗，如果眼下的选择仍然是让儿童坠入无边的黑暗中，那革命又有什么意义呢？革命的暴力只有能够解决这一切问题的时候，才能够被证明是合法的。就小说本身来说，所有的冲突也都是为了展现真正合理的最高法则。

于是在《九三年》里，雨果又回归了一个浪漫主义小说家的任务，他并不像写《悲惨世界》时那样，只呈现大革命之社会的种种，他不仅相信救赎，而且相信向善人性的力量，以致他塑造了一个比较完美的出身贵族家庭，勇敢、善良的英雄人物，而不仅限于救孩子时的朗德纳克侯爵或者不秉持任何政治立场的，救了侯爵，同时也救了母亲的泰尔马克。郭文又成为一种理想，一种可能性，一种人类社会也许能够越变越好的希望，一种革命最终拥抱了善从而取得真正胜利的象征。

PART 3

雨果的中国之旅

最早得到译介的法国作家之一

毫无疑问,雨果是在中国最早得到译介的作家之一。中国的外国文学翻译肇始于 19 世纪末 20 世纪初。如果我们将 1898 年,不懂外语的著名翻译家林纾以一部"断尽支那荡子肠"的《巴黎茶花女遗事》(即大仲马的《茶花女》)名噪天下看作法国文学以及外国文学翻译的起点,我们会发现,雨果进入中国读者的视野离这个起点并不远。

1903 年,鲁迅从日文本翻译了《哀尘》,发表在《浙江潮》当年的第五期上。《哀尘》是雨果《随见录》(*Choses vues*)里的一篇,原题为《芳蒂娜的来历》(*L'origine de Fantine*)。极具意义的是,这篇《哀尘》固然不长,在雨果的写作中也并不占据重要的位置,却开启了雨果的中国之旅;而该篇随笔也是鲁迅作为翻译家的第一篇译文,同样开启了鲁迅的翻译生涯。①在此之前,马君武已经在《新民丛报》上将雨果与拜伦相提并论为"19世纪欧洲两大文豪",并翻译了《秋叶集》里一首雨果在重读自己十年前写给阿黛尔的情书之后的感怀诗歌。差不多同样时间,苏曼殊从英文本翻译了《惨社会》(即《悲惨世界》)的节选,稍晚一些,另一位无名译者也翻译了《悲惨世界》的节选,题为《无声剑》,发表在《国民日日报》上。总而言之,在20世纪初,中国的外国文学翻译发端之际,雨果已经以"嚣俄"这一名字树立起了法国经典作家的形象。而在《哀尘》的翻译中,鲁迅在一半是翻译一半是自己感言的"译者曰"里,借用雨果另一部小说《海上劳工》的序言,历数了"宗教、社会、天物"的"人之三敌",认为在这一点上,"莽莽尘球,亚欧同慨"。这便也奠定了中国引进的雨果的最初"画像"。

雨果进入中国,与中国当时的文学翻译环境甚为相符。雨果在法国虽然出道很早,却在19世纪下半叶凭借大量的随笔和小说,渐渐有了穷苦人民代言人的形象。尤其是《悲惨世界》分成几个部分出版,已经成为震动欧洲的文学和出版事件。尽管从文学的角度而言,赞誉

---

① 鲁迅所译的《哀尘》从日文转译,底本为日本的法国文学翻译家森田思轩所译的《随见录》,鲁迅选择具有如此社会批判色彩的一篇随笔进行翻译,一方面奠定了雨果在中国的"人道主义"作家的初始印象;另一方面也是鲁迅自身写作的必然选择。除原文《芳蒂娜的来历》的日译之外,鲁迅还在日文译者森田思轩的《译后记》基础上,加上了自己的一段抒怀。具体的来龙去脉可参见岳笑因、潘世圣的《〈哀尘〉底本:森田思轩译《随见录》第四则——汉文脉共享与鲁迅的"翻译"政治》,鲁迅研究月刊,2021年第四期,第22—31页。

有之，批评有之，但是雨果作为19世纪法国最具声名的作家、诗人的事实，却是随着《悲惨世界》这个出版事件坐实了的。而在19世纪末20世纪初，法国大革命的理念，亦即自由、平等、博爱以及孕育这些革命理想的科学、理性、进步等等对中国率先觉醒的思想界和文人有着莫大的吸引力。革命的激情与理念在文学翻译中找到了最生动的表达。所以我们能够理解，最先进入中国的，并不是得到全面理解的、文学意义的雨果，而是出色地描写了社会的不公正与黑暗的雨果。雨果小说对现实人生的关注、对底层社会人民的同情和人道主义理想均使他被中国读者认同为一名正视现实、直面惨淡人生、以情动人的社会小说家。当时的报刊上介绍雨果为"最著名之小说家""大政治家""共和党"（他对于共和的信仰要经过一定的时间才渐渐坚定下来的事实却被忽略了），是《悲惨世界》——20世纪初中国的社会现状难道还不够悲惨吗？——这样的小说的作者。

另外，从19世纪下半叶开始兴起的"科技强国"的尝试以及为求科学进步对翻译人才培养的重视也为雨果进入中国奠定了基础。京师同文馆与福建船政学堂（初建时为"求是堂艺局"）培养了中国最早的一批外国文学翻译家。尤其是分为前学堂和后学堂的求是堂艺局，前学堂主修的外语就是法语。求是堂艺局虽然以制造和驾驶为学习的主要目标，但因为招收的学生讲求"学用结合"，"中学为体、西学为用"，加之学生中大多受过传统的旧学教育，有非常好的中国文学的基础，因此不乏陈季同、王寿昌、王福昌这样的第一代法语翻译家。而有"中国翻译理论之父"之称的严复也诞生于福建船政学堂的"后学堂"。陈季同虽然没有翻译过雨果,但是这位中国最早的"法语作家"之一、外交家却是最早谈论到雨果,认为当时中国的文学翻译界不能忽略他的人。①

天时、地利、人和,雨果便踏着浪漫主义在世界刮起的东风进入了中国。雨果在世界范围的翻译与传播,自然要借助于他的浪漫主义标签。事实的确如此,雨果在法国之外远比在法国国内要更加"浪漫主义"。当浪漫主义作为运动而不是作为文学流派在世界各地传播开来的时候,它高扬的是人性,是去"追求上帝或非人类生物外加于它(人)或内赋于它的目标"②。这种目标在某种程度上要超越大革命的理念——如果所谓的自由、平等、博爱这些抽象的概念在世界各地还需要相当的时间才能够冲破各种传统文明的藩篱的话——更容易引起鲜活的共鸣。写下《悲惨世界》的雨果便没有悬念地成为它的代言人之一。反过来,让雨果成为高扬人性的"人道主义"的代言人,对于诞生于具体时代和具体环境的革命家和思想家而言,或许更有利于让自己热衷于传播的革命理论通行无阻地传播开去。

于是我们看到,在中国的第一次文学翻译浪潮里,雨果的确受到了当时的翻译家们的异常重视。无论是从英文、日文、俄文转译的,还是从法文直译的,雨果作品的翻译在 1949 年之前就已经达到了一

---

① 可参见吴天楚博士论文《维克多·雨果在中国的接受研究》(*La réception de Victor Hugo en Chine*),论文为法文,南京大学与法国新索邦大学联合培养,2019 年 8 月答辩。
② 彼得·沃森著,胡翠娥译,思想史:从火到弗洛伊德(下),译林出版社,2017 年,第 861 页。

定数量。据吴天楚博士论文《维克多·雨果在中国的接受研究》附录中的统计，截至1949年，翻译发表在报纸、杂志或单行本出版的雨果各类作品——长短篇小说、随笔、诗歌、戏剧——多达161篇（部）。其中有相当数量的是复译、再版或同一部小说的不同节译。并不出乎我们意料的是，161篇（部）中有23篇（部）为《悲惨世界》或者《悲惨世界》的节译。《海上劳工》与《巴黎圣母院》包含节译在内都有七个版本之多，另外还有据小说改编的歌剧的翻译；《九三年》（也译《九十三年》）先是连载，后出单行本，仅曾朴的单行本在1949年前就出过两次。并且，早在1921年，小说也吸引到了译写大家林纾的注意，他与毛文钟合译了《九三年》，另取名为《双雄义死录》。简而言之，在第一轮外国文学翻译高潮中，雨果的长篇小说悉数得到翻译。并且，长篇几乎在20世纪的前二十年就已经全部被翻译了过来——尽管此中多为节译、从其他语言译本转译或改译。因而雨果不仅稳稳地在法国19世纪文学史里拥有中心位置，而且，凭借着为数众多的翻译，他已经第一时间成为中国读者所熟悉的法国乃至西方的经典作家，从而进入了中国的法国文学史或欧洲文学史。

　　进入中国之后，雨果的小说就出现了一而再，再而三的重译。开始的复译往往是不再满足以往的节译，或是从别的语言的译本的转译。在第一波翻译浪潮中，从法文直接翻译的雨果作品往往是诗歌和戏剧作品，而小说作品，尤其是全译本的小说作品基本要等到20世纪20年代末30年代初。尽管如此，我们在雨果的法语译者中能够看到曾朴、沈宝基、刘半农、穆木天、李金发等一众早期法国文学著名译家。小说以曾朴翻译得最多,而穆木天、李金发两位诗人则侧重于雨果诗歌的翻译。

第二波复译的高潮是在 1949 年之后。新中国需要重新梳理一遍社会主义中国的外国文学经典,雨果很幸运地进入其中,重要的原因之一就在于他被定性为"积极浪漫主义"的代表人物,也是可以被批判地接受的一位经典作家。闻家驷翻译的雨果诗歌,李健吾翻译的雨果戏剧,以及新一代翻译家郑永慧、李丹等译的雨果小说,或是为了满足不同的目的而译写的缩写本等,都证明了雨果这位在世时对远方中国一直持同情态度的文学大家在中国也能有他的一席之地。特别是雨果的长篇小说,《巴黎圣母院》《悲惨世界》《笑面人》《九三年》等依然是中国读者的最爱。除去译事相对停滞的十年浩劫期间,雨果一直在不同时代、不同译者的笔下绽放光华。

20 世纪 80 年代,雨果也是在被翻译最多的外国经典作家之列。20 世纪 80 年代,改革开放之初,能够聊解读者对外国文学之渴的,便是对已有翻译文本的重版。而在 20 世纪末 21 世纪初,因为中国加入版权公约,包括雨果作品在内的,已经列为公版的外国文学便又迎来了新一波的复译高潮。同时,借助新的媒体手段,雨果的作品也一直是大屏幕、小屏幕和戏剧、音乐剧舞台的宠儿。这期间值得关注的有两个时间节点:一是 1998 年,法国文学研究的著名学者柳鸣九先生主编了一套 20 卷的《雨果文集》(河北教育出版社)。第一卷到第五卷为诗歌卷,第六卷到第十四卷为小说卷,第十五卷到第十六卷为戏剧卷,第十七卷到第二十卷则为杂文和散文卷。这一套译文集收录了近百年来雨果在中国译介的成果，对中国的雨果作品翻译和研究都有着重要意义。柳鸣九本人长达九万字的序言，深入评介了作家小说、诗歌、戏剧等多方面的创作，并细致分析了其作品所依存的社会历史背景，即造就"雨果奇观"的深层次根源，可以说整篇序言是他自身作为雨果学专家研究的阶段性大总结，极大地推进了雨果在中国的传播和研究。虽说还不能算是《雨果全集》的翻译，但已经一改往日的零散，是中国第一次全面、系统译介诗人、剧作家和小说家雨果。第二个时间节点则是在 2002 年，雨果两百周年诞辰纪念的前后。法国文化部将该年命名为"雨果年"。中国和世界上许多国家一样，举行了隆重的纪念活动。纪念活动与中国在新世纪外国文学翻译和出版的新形势融合重叠，造就了在 21 世纪初期雨果作品，尤其是小说作品大量复译的"井喷"现象。当然，雨果并不是唯一一位不断被重译的法国 19 世纪经典作家。但是至少有一点是肯定的，那就是一百多年以来，中国的读者并没有忘记雨果。他已经成为中国几代读者心目中的法国文学的代表人物之一。

浪漫主义巨匠？社会写实小说家？人道主义作家？

于是我们又回到了本书开始所提出的问题：今天我们还读雨果吗？如果我们仍然在读雨果，又究竟是因为什么？要回答这个问题，我们首先就要知道雨果为什么会进入中国，他是如何留在中国的，在一百年后的今天，他在一代又一代的中国读者心中，究竟是怎样的？

雨果于 1884 年去世，而他进入中国是在 19 世纪末 20 世纪初，这也就意味着，对于那个时代的中国读者而言，他几乎算得上是同时代的作家。同时代，但彼时法国和中国却差异甚巨：凭借法国大革命，凭借工业革命，法国已经摆脱了封建制度的桎梏，现代意义的国家制度与经济制度已经开始确立。法国所在的欧洲也在19世纪开始大规模的殖民扩张，试图建立现代帝国。中国作为那时西方强权的殖民对象之一，在19世纪末20世纪初正处在半殖民地半封建社会的水深火热之中。

现代意义的帝国和早期的殖民征服有所不同，它凭借的不仅是武力，而是作为理想和模式的自由资本主义的框架，涉及经济与文化的方方面面。在这一次的东西方冲突与融合中，如果说欧洲各个国家仍然因为自身的经济利益而纷争不断，在浪漫主义思潮中诞生的"伟大的欧洲的现实主义小说"却突破了纯粹的国家边界，在文学和文化的进程中慢慢地结合成统一的文化力量。而小说，也渐渐成为风靡世界的文学样式。

雨果的作品进入中国，也是在这样的背景之中。是处在变革时期的中国对外来的文学与文化所进行的选择。这在很大程度上可以解释为什么雨果被介绍进中国的前二十年，他的小说就已经全部被译介进来，而"小说家雨果"也成为雨果中国之旅的第一个标签。雨果的小说翻译远远要比他的诗歌和戏剧翻译更加系统和完整，不同时代、不同目标之下的复译也往往集中在雨果的小说上。

西方现代意义的小说在中国第一次文学翻译的高潮中进入中国，构成了中国的第一次文学翻译高潮，此时恰逢汉语和汉语文学有着强烈的变革愿望之时。小说成为中国第一次文学翻译高潮中的主流形式，原因有三：其一在于19世纪，西方文学的主要样式已经从传统的诗歌与戏剧过渡到小说；其二则在于小说更利于汉语从文言向现代汉语转变；其三则是在思想的层面，19世纪浪漫主义思潮之下的小说都具有善恶分明的人物，跌宕起伏的情节和或气势磅礴或细腻瑰丽的带有"异国情调"的描写，恰恰能够为转型之中的中国文学提供灵感，从而改变已有的文学传统。再则，小说翻译的改写空间相对较大，因此，通过改写一方面探索新语言与新文学的可能，一方面与中国传统文学的形式和道德诉求有一定的连接，能够为外国文学最初进入中国扫平道路。

在这个意义上，雨果的小说应该是比较能够满足当时中国文学翻译诉求的：首先，诚如我们在欣赏雨果的小说时所提到的，雨果的小说往往由一个又一个的"偶然"构成，小说的体量再庞大，每一章里也都会有伏笔，在后面的章节里得到一个合理化的因果解释。伏笔既可能是人物之间的关联，例如《巴黎圣母院》里的"香花歌乐女"和爱斯梅拉达，《悲惨世界》里的蓬梅西男爵和马里尤斯；也可能是通过情节搭建的"承上启下"，例如《悲惨世界》里偷银器，《九三年》里的三个孩子被共和军所救等等。其次就是雨果的小说往往情节跌宕，稍加改造，便是很好的、中国读者并不觉得太陌生的民间"传奇故事"。即便不是像《悲惨世界》那样多线齐头并进的小说，也往往会充满了爱恨情仇和悲剧命运。再者，雨果的小说作品里也总是含有某种道德评价在其中，为读者提供某种理想模式。善总有恶来衬托，美也总有丑来铺垫，不会令读者的道德选择发生困惑。这就是我们看到的，卡西莫多对于爱斯梅拉达的爱不求回报，无所欲求，这种纯洁之爱自有浮比斯队长的轻浮之爱或是弗罗洛主教代理的自私之爱来衬托；《笑面人》里格温普兰与盲女蒂之间的死生相依、淳朴相恋也自有上流社会里勾心斗角、为权势而谋求的联姻来衬托；而《悲惨世界》里让·瓦让的善良也自有泰纳迪埃的卑鄙——尽管泰纳迪埃也是个穷人——来衬托。善恶两元在小说中的种种呈现也是中国早期接受雨果的重要原因之一，令雨果的小说轻而易举就能转化为与中国传统道德观中并不违背的人性本善、人应向善的说教。

在对的时刻"引进"对的人，时代的需求加上雨果小说本身固有的特点，雨果进入中国就是必然的选择了。而在"必然选择"之下，他的形象也就自然可以归结为"浪漫主义巨匠""社会写实小说家"与"人道主义作家"的"一体三面"。

我们不难察觉，"浪漫主义巨匠"几乎出现在最初所有对雨果的介绍之中。雨果进入中国的19世纪末20世纪初，同样是法国盛行撰写文学史的时期。以当时西方的文学史视野，在回顾过去四五个世纪的法国文学中，基本上确立了法国自中世纪始，经过文艺复兴、古典主义、启蒙时代、浪漫主义这样一条文学、文化的发展道路。生逢19世纪，又曾经领导过《艾那尼》一役，最初由中国学者撰写的研究文章或者文学史作品也都毫不犹豫地使用了"浪漫主义"这一流派来定义雨果。在19世纪早期，袁昌英、曾仲鸣的相关文学史作品都介绍了浪漫主义的重要人物雨果，袁昌英在《法国文学》中的第四章

《小说与散文》的"浪漫主义时期"一节里,逐一介绍了夏陀普里安(夏多布里昂)、拉马亭(拉马丁)、斯泰依夫人(斯塔尔夫人)、威涅(维尼)之后,隆重写道:"许俄(雨果)巨大的形象,在小说里,和在诗词戏剧里一样,均留下深厚的影痕在浪漫主义时期里。他的小说为数不少,可是最重要的小说,当推一八三一年出版的《巴黎圣母寺》(《巴黎圣母院》)。"紧随其后,作者又写道,"许俄第二部,也许是最伟大的小说是《可怜人》(《悲惨世界》)。"[1]而徐霞村在《法国文学史》中的"十九世纪初期的诗歌","十九世纪初期的戏曲和小说"两章中,均提到了雨果,并指出雨果为领袖的"第二个文学团体""对于法国的浪漫主义运动有很大的影响"[2],也是毫无疑问将雨果当作浪漫主义领袖来介绍的。文学简史的标签式介绍和译介的选择彼此印证,于是缔造了雨果在中国的第一个面。虽然陈思和认为,"五四新文学思潮仅仅在个性解放这一思想层次上与西方浪漫主义相共鸣,并没有在审美层次上接受浪漫主义",因而雨果的小说"主要在传奇色彩上被中国读者所接受"。[3]但实际上,在20世纪初,从译介的角度而言,在传奇色彩上被中国接受几乎是所有外国文学作品进入中国必须经历的阶段,并不仅止于雨果。殊不知文学翻译,乃至文学翻译对本土文学产生的影响,审美层次的动力往往都是其次的。而况雨果早期的小说《冰岛魔王》或是《布格·雅尔加》也的确是奔着

---

[1] 袁昌英,《法国文学》,商务印书馆,1946年,第218—219页。
[2] 徐霞村,《法国文学史》,北新书局,1928年,第150页。
[3] 陈思和,《雨果及其作品在中国》,《中国比较文学》,1997年11月,第88—98页。

传奇小说的路数去的。

雨果的中国之旅第二个值得关注的问题就是，既然浪漫主义的标签有了，早期的翻译中也是诗歌、戏剧、小说兼而有之，在今后一百多年的历程中，为何深化的独独是小说家的形象，而且是社会写实小说家的形象？在本国的文学史上，浪漫主义作为文学流派的标签多只是贴在雨果的诗歌以及与古典主义抗衡的戏剧上，浪漫主义的小说在写作技术方面倒是无从定义。在小说写作方面，雨果担的多是历史小说家之名，就像袁昌英在《法国文学》里写的那样，"那时期，浪漫主义的人物，对于历史的……兴趣，可谓达到高潮"。借历史抒怀，也算是浪漫派的特征之一，但其实纵观雨果的小说，所谓的历史，其实涉及颇广。《巴黎圣母院》是中世纪路易十一治下的历史，《笑面人》是17、18世纪之交的英国社会，《九三年》则是精准的大革命高潮时期：1793年。算起来，《悲惨世界》才是雨果亲身经历的历史，上下三十年左右，是革命之后动荡、徘徊的一段时间。

我们当然理解，之所以雨果在中国会被看作是一个社会写实的小说家，甚至超过他在诗歌和戏剧领域的浪漫主义声名，与《悲惨世界》第一时间进入中国有关。更何况在今后的一百多年里，它被一而再，再而三地重译。然而，除此之外，另一个原因也很重要。雨果的小说尽管历史背景不尽相同，无一例外的几乎都是关于"穷苦人"的，并不一定要等到《悲惨世界》（*Les misérables*）才聚焦"穷苦人"。这和雨果的成长经历相关。雨果小时候随父母在欧洲奔波，并非接受精英教育长大。少年时期父母分开，雨果因此也并没有如父亲所愿进入巴黎综合理工大学。在意大利他上过贵族学校,回到巴黎后也上过寄宿学校,但他也接受过较为随意的私人教育。他生于革命时代,出生时贵族制度已经废除。帝国虽然又流行过加官进爵的一套,他还从父亲那里继承了男爵身份,但说到底只是荣誉。雨果的确更是一个文学从精英化到世俗化的推手。更遑论成为浪漫主义领袖之后,他便也有了新的文学使命的自觉。在雨果看来,文学到了 19 世纪,就只能是为了"四万万民众"的。在这个意义上,《巴黎圣母院》里,路易十一治下究竟经历过什么,他的权力之争,他与欧洲诸国的战争与妥协不再重要;《笑面人》里,才跨入 18 世纪的英国在君主制度与共和制度之间的撕扯似乎也失去了时代的、地狱的特征;《悲惨世界》里固然有拿破仑,《九三年》里固然有罗伯斯庇尔,占据舞台的,却并不是真正的、大写的历史。因为从历史的观点来看,滑铁卢战役的拿破仑兵败或是大革命的发生的确都是足以改变历史进程的大事件,但是对于生活在贫困之中的平民百姓而言却都只是伤害。在两者之间,雨果关注的永远是后者。写历史,怕是也为了书写现实。毕竟在任何一种制度下,穷苦人的"悲惨"都是一样的,也都是雨果笔下的关切所在。雨果自己就在《〈克伦威尔〉序》里说过,"历史留下来的广大空间对戏剧大有好处"。戏剧,也包括戏剧之外的一切文学形式吧。

于是社会写实小说家的形象最终升华成了雨果人道主义作家的形象。中国读者都非常熟悉雨果在英法联军火烧圆明园后,写下的那封著名的《就英法联军远征中国给巴特勒上尉的信》。信的落款是 1861 年,仅在《悲惨世界》出版后一年。雨果研究专家、雨果诗歌的重要译者之一程曾厚教授翻译的这封信被选入了初中语文教材，使得中国成千上万的学生都了解到雨果对于被劫掠、被入侵的中国的同情和对英法联军这两个"强盗"的痛斥和批判。有趣的是，给巴特勒的信究竟是虚构还是真有其信的说法不一，这封信的译者程曾厚教授就曾经撰文，从时间和人物的角度对雨果这封信的"真实性"表示了怀疑，但是，巴特勒上尉是否存在，雨果是否在 1861 年回复过这位巴特勒上尉询问他"看法"的信，这封信又是否真的是在火烧圆明园发生后不久的 1861 年写下的，这封信是否是以第二人称完成的虚构性随笔，这一切都不重要。唯一重要的事实是解救弱者的正义者的英雄梦想。在《凶年集》里，面对普鲁士帝国的威胁，雨果毫不犹豫地表达了他对巴黎、对法兰西的热爱，从而化身为一个爱国主义诗人。而如果法兰西是非正义的，他也丝毫不会掩饰他对非正义的法兰西所欺侮的对象的同情。这又如何不为这位大文豪在另一个国度和另一种语言里挣得额外的一份荣誉呢？

　　站在穷苦人一边，为他们伸张正义，不论是用小说、诗歌还是戏剧的形式——这是后来中国定义为积极浪漫主义代表作家的雨果令 20 世纪初期的中国读者深深感动的地方。这份感动经历了一百余年也还在。当然，就像钱林森所写的那样，我们有必要认识到，雨果的人道主义包含理想主义的成分。雨果在中国一百余年的足迹也告诉我们，从鲁迅在翻译《哀尘》时，在"译者曰"中感叹"嗟社会之陷阱兮，莽莽尘球，亚欧同慨，滔滔逝水，来日方长"，到 1949 年之后，中国在众多的外国文学经典作家里选择保留雨果，也是因为雨果对人性的高度礼赞以及对未来美好社会的信仰,尽管他并没有具体描绘出未来社会美好在哪里。但仅仅是信仰也足以征服一代又一代的读者。在今天,雨果依然是能够跨越宗教、主义与制度的存在。因为阅读雨果,阅读他的作品,我们至少就还能够相信:理想的力量曾经是,也依然是文学最重要的力量之一。我们不是还执着于能够从不同的文明、不同的历史、不同的制度中剥离出人特有的,有别于未来奇点时刻来临之后的那一点什么吗?

那一点什么,我们称之为人性。而从文学的角度定义这至高无上的人性的人,我们称之为——人道主义作家。这未尝不是世界文学共和国曾经颁出的最高荣誉。

PART 4

雨果经典名段选摘

雨果一生八十余年。他从童年时代就已经树立要成为一个永垂青史的诗人的理想。他感情磅礴，信仰文字，他留下的文字浩如烟海。在他的各类作品中，既有他对人生各个面向的理解和感喟，也有他对各种社会现象的体悟和思考。虽然这些语录式的摘录不足以全面反映雨果的文学、伦理与美学观点，但仍然不失为我们走近雨果和阅读雨果的一种轻松快乐的方式。

支配世界的并不永远是同一种性质的文明，或者说得更精确而更广义些，并不永远是同一种社会形式。整个人类如同我们每一个人一样，经历过生长、发展和成熟的阶段。他通过了孩提时代、成人时期，而现在到达了老迈之年。（《克伦威尔》序）

万物中的一切并非都是合乎人情的美……丑就在美的旁边，畸形靠近优美，丑怪藏在崇高的背后，美与恶并存，光明与黑暗相共。（《克伦威尔》序）

戏剧是一面反映自然的镜子。不过，如果这面镜子是一面普通的镜子，一块刻板的平面镜，那么它只能映照出事物暗淡、平板、忠实，但却毫无光彩的形象；大家知道，经过这样简单的映照，事物的色彩就失去了。戏剧应该是一面集聚物像的镜子，非但不减弱原来的颜色和光彩，而且把它们集中起来、凝聚起来，把微光变成色彩，把光彩变成光明。（《克伦威尔》序）

趣味，就是天才所具有的理智。（《克伦威尔》序）

在文学领域里，就像在政治领域里一样，秩序要奇妙地和自由和平共处；它甚至就是自由的产物。不过，应该注意，不要把秩序和整齐混淆了。整齐仅与外表有关，秩序则产生自事物的内部，产生自一个主题诸内在因素之合理安排。（《歌吟集》序）

一个作家如果关心自己的后代的话，就会不断地纯洁自己的语法，而同时又不抛弃用来表现他精神中特殊个性的特色。滥造新词只不过是补救自己的低能的一个可怜的办法。有错误的语言永远也不能表述思想，而文体就像是水晶，愈纯净便愈光亮。（《歌吟集》序）

风向不顺着诗歌，并不就是诗歌不展翅高飞的原因。飞鸟和帆船相反，只有逆风才能飞好。诗歌像飞鸟，正如古人所说，有翅的诗神。（《秋叶集》序）

如果人有自己的声音，大自然也有它自己的，所有一切事物便也不会例外。诗人的任务就是把这蕴含着三位一体的意义的三位一体的语言，熔铸在同一组歌唱里，第一部分特别向心灵倾诉，第二部分趋向灵魂，第三部分向精神发言。三道彩光。（《心声集》序）

伟大的建筑，如同高山一样，是多少世纪的产物。艺术发生变化，而建筑物往往处于停滞状态：中断的工程停而待建；建筑随着变化的艺术平静地继续。（《巴黎圣母院》）

一个人用充满情欲的头狠命撞去时，科学所发出的声音是多么空洞啊！（《巴黎圣母院》）

暴食会惩罚暴食的人。贪吃会惩罚贪吃的人。消化不良是仁慈的上帝用来教训胃的。我们每一种欲望，即使是爱情，都有一个胃，不要塞得太满。（《悲惨世界》）

人生的一切都是稍纵即逝。黑暗和光明交替出现，使你目眩的光明刚刚消失，黑暗便接踵而至。我们举眸凝望，我们急急匆匆。伸手去抓一闪而过的东西。每个事件好比路上的一道拐弯，转瞬间，人就老了。（《悲惨世界》）

迷信、过分虔诚、伪善、偏见,这些丑恶的鬼魂,尽管是鬼魂,却不甘死亡,仍在烟雾中张牙舞爪;必须同它们肉搏,同它们战斗,一刻也不能停止,因为人类注定要同妖魔鬼怪进行永久的搏斗。鬼魂是很难扼住喉咙,很难击垮的。(《悲惨世界》)

大胆的行为使历史光辉灿烂,它们是人类的奇光异彩。曙光初生时,是敢作敢为的。尝试,冒险,坚持,不屈不挠,忠于自己,与命运搏斗,不怕灾难,时而冒犯不公正的强权,时而唾骂狂热的胜利,坚忍不拔,顽强奋战:这就是世界人民需要的榜样,是激励他们前进的光辉。(《悲惨世界》)

过度的感觉,就像油太多一样,要堵塞思想。大人对自己提出问题,孩子不提问题:他在看。(《笑面人》)

愚昧无知是美德的守护者。凡是没有远见,就没有雄心;愚昧无知处在有用的黑暗里,消灭目光,消灭贪婪。无邪由此而来。(《笑面人》)

人的命运一旦出现意外,就要准备好:一下会接着一下。这扇凶险之门一旦打开,意外的事就会冲进去。(《笑面人》)

幻想破灭好似弓箭一样,带着悲哀的力量松弛了,把人这支箭射向现实。(《笑面人》)

社会是后娘,大自然是母亲;社会是肉体的世界,大自然是心灵的世界。前者直达棺材,墓坑里冷杉的匣子,去喂虫子,在那里完结。后者直达张开的翅膀,在曙光里改变形象,升到天穹,在那里重新开始。(《笑面人》)

在某些时候,人类社会存在种种谜。这些谜使智者受到启迪,而使愚昧者陷入黑暗、暴力和野蛮。哲学家不会贸然评说是非,他要考虑问题的错综复杂。这些问题犹如天上的云彩,经过时总要向地面投下阴影。(《九三年》)

创作一座雕像并赋予它生命，那是美好的；塑造一个心灵，让它懂得真理，就更加美好。（《九三年》）

大自然是无情的。它不肯在人类的丑恶行为面前收回它的鲜花、音乐、芳香和阳光。它用天赋的美丽和社会的丑恶的鲜明对比来谴责人类；它不肯收回一个蝴蝶翅翼或一只鸟儿的歌唱来宽恕人类；它一定要人类在杀戮、复仇和野蛮之中忍受圣洁的事物的目光，它要使人类无法逃脱温馨的宇宙无尽的谴责，也无法逃脱晴朗的蓝天的愤怒，它一定要让人类的法律在令人目眩神摇的永恒景物之中，彻底现出丑恶的原形。人类尽管破坏、毁灭、根绝、杀戮，夏天依然是夏天，百合花依然是百合花，星辰依然是星辰。（《九三年》）

人的身体很可能仅仅是一个形骸。它遮盖起我们的真相。它在我们的光明或者我们的阴影上面变得越来越厚。真相，便是灵魂。说得绝对一些，我们的脸是一个面具。真正的人，存在于人的外表之下。如果人们看见那个隐藏在被叫作肉体的假象后面的人，那就会万分惊讶。把外表的东西看成是真正的东西，这是人们共同的错误。（《海上劳工》）

命运没有转变的技巧。有时候,车轮转动得太快,使人很难分辨一次变化跟另一次变化之间的间隔和明天跟今天之间的联系。(《海上劳工》)

每颗心中都有非常珍贵的东西。对无论是沟壑一样狭隘的心胸,还是海洋般宽阔的胸怀,爱都是一样珍贵的。(《维克多·雨果回忆录》)

我到底惹了你什么,啊,我的锦瑟年华,
你才那么快地离开我,当你远隔天涯,
才让我自以为满意?
唉,我究竟惹了你什么,直到回来的时候
再也不能将我驾在翅膀上带走,
你才显得如此美丽?
(《啊,我的情书》,《秋叶集》)

不要紧，在这尘寰纵然没有神秘的权威，
没有庇护所、退隐处与高贵无比的地位，
无数深藏的天性日夜注视我们的动静；
但渔夫自有希望相伴的小船，
天鹅自有平湖，雄鹰自有高山，
人自有永恒的爱情！
（《昨日那为我们降下帷幕的夏天的良宵》，《暮歌集》）

生命，把声音唤醒；大地，叫田沟掀动；
你们在沉睡，起来；——因为，我有人陪同，
因为，第一个派我出来的人，他其实
是光明这位巨人，是自由这位天使！
（《晨星》，《惩罚集》）

法兰西啊，我宣布，我已经把你选定，
你才是我的祖国，光荣，唯一的爱情！
（《致法兰西》，《凶年集》）

参考资料

雨果作品中译本（本书赏析部分所引雨果作品译文大多出自以下译本，根据原文略有改动，文中不再一一注释）：

李玉民译，巴黎圣母院，青岛出版社，2018年。

潘丽珍译，悲惨世界，译林出版社，2019年。

罗国林译，九三年，西安交通大学出版社，2017年。

李健吾译，宝剑，选自《李健吾译文集》，上海译文出版社，2020年。

郑克鲁译，笑面人，复旦大学出版社，2020年。

柳鸣九主编，张秋红、程曾厚、吕永真、李恒基译，雨果诗选，时代文艺出版社，2020年。

高稳译，维克多·雨果回忆录，华文出版社，2020年。

其他参考资料

【法】安德烈·莫洛亚著，程曾厚等译，雨果传：奥林匹欧或雨果的一生，浙江大学出版社，2014年。

【英】彼得·沃森著，胡翠娥译，思想史：从火到弗洛伊德，译林出版社，2017年。

【法】帕斯卡尔·卡萨诺瓦著，罗国祥等译，世界文学共和国，北京大学出版社，2015年。

【捷克】米兰·昆德拉著，董强译，小说的艺术，上海译文出版社，2004年。

【英】里顿·斯特拉奇著，庾如寄译，法国文学的里程碑，浙江大学出版社，2021年。

【法】路易-保罗·阿斯特罗著，李奇译，20岁的福楼拜，清华大学出版社，2020年。

吴达元著，法国文学史，商务印书馆，1946年。

徐霞村著，法国文学史，北新书局，1928年。

袁昌英著，法国文学，商务印书馆，1946年。

【法】左拉等著，余中先等译，梅塘之夜，译林出版社，2020年。

Françoise Mélonio, Bertrand Marchal et Jacaues Noiray, La littérature française: dynamique & histoire II, Gallimard, 2007.

Max Gallo，Victor Hugo，XO éditions, 2017.

Wu Tianchu，La réception de Victor Hugo en Chine（维克多·雨果在中国的接受研究），南京大学与法国新索邦大学联合培养，2019年8月答辩。